Helmut Schneider

Schreibzeuge

*Im Gerichtssaal
notiert*

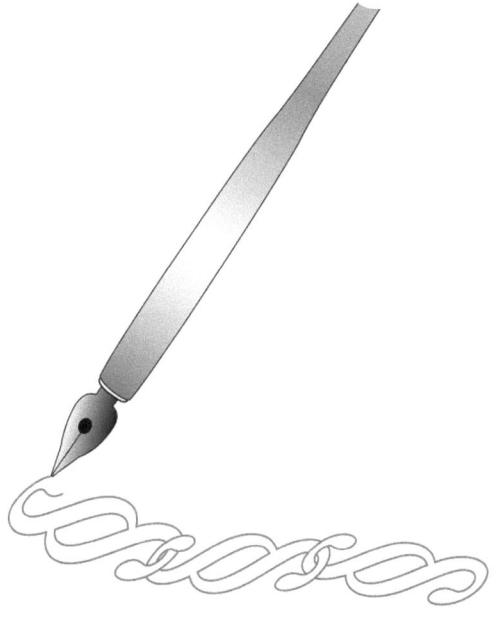

Impressum
Gestaltung: Manfred Behrendt
Herstellung und Verlag:
Books on Demand GmbH, Norderstedt
ISBN: 978-3-8391-6561-4

INHALT §§§§§§§§§§§§§§§§§§§§§

VORWORT §§§§§§§§§§§§§§§§§§

Als ich als „Schreibzeuge" die laufende Nummer 1001 auf meinen Gerichtsbericht schrieb, kam mir kurz die Erinnerung an die wunderschönen orientalischen Märchen, die mit dieser Zahl verbunden sind. Ganz im Gegensatz zu den folgenden Seiten. Hier geht es um raue abendländische Wirklichkeit.

101 Prozesse wurden in diesem Büchlein festgehalten, indem ich aus der obigen Zahl einfach eine Null gestohlen und somit vorsätzlich Diebstahl einer geringwertigen Sache begangen habe (Paragraf 248a StGB). Personen- und Tatortnamen sind verändert, mir aber wohlbekannt.

Diese gut einhundert Fälle, die ich für eine regionale Tageszeitung im Gerichtssaal verfolgt habe, sollen nachdenklich stimmen, zum Kopfschütteln reizen, aber auch zum Schmunzeln anregen.

Mein besonderer Dank gilt meinem Sohn Bernd und meiner lieben Frau, die mich auf den verschlungenen Pfaden der Deutschen Rechtschreibung und Grammatik geduldig zum Ziel geführt haben.

Weiterhin gilt mein ganz großer Dank meinem alten Schulfreund, dem Grafiker Manfred Behrendt, der die Umschlaggestaltung, die Illustration und den Satz des Buches übernommen hat.

Helmut Schneider

Möchtegern-gangster konnte nicht kassieren

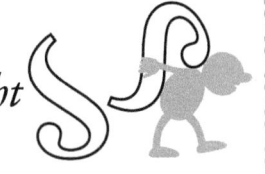

Rainer Anders blieb echt cool, als ein Mann an seinen Schalter der Sparkasse trat und ihm einen Zettel reichte, auf dem die Aufforderung stand, sofort 3000 Euro in 100er und 200er-Scheinen auszuzahlen – dann passiere auch nichts. Der Kassierer fragte ihn, ob das ernst gemeint wäre, der Mann nickte bejahend. Mit einem couragierten „Nö" schob der 34jährige Sparkassenangestellte den Zettel zurück und drückte unauffällig den Alarmknopf. Mit dieser mutigen Reaktion hatte der Bankräuber nicht gerechnet, weshalb er es vorzog, schleunigst zu flüchten. Durch die in den Medien veröffentlichten Videobilder nervös geworden, stellte sich Max V., der den Überfall unmaskiert ausgeführt hatte, zwei Monate später der Polizei.

Da Banküberfälle zu den schweren Verbrechen gehören, wurde der Berliner nach seinem Geständnis sofort in U-Haft genommen und dem Schöffengericht zur Hauptverhandlung in Handschellen zugeführt. Auf die Frage des Vorsitzenden Richters, wie er denn auf den Gedanken gekommen sei, eine Bank zu überfallen, erklärte der Angeklagte treuherzig, er habe die Idee aus dem Fernsehen – sowas sieht man doch fast jeden Tag.

Nach dem Genuss einer Flasche Kognak am Tattag fühlte er sich stark genug zu handeln. Er fuhr mit der S-Bahn zum Tatort. Auf dem Weg zur Sparkasse kaufte er noch eine Flasche Wein, um dadurch seinen Mut weiter zu stärken. Weshalb er „nur" 3 000 Euro haben wollte, konnte er sich selbst und auch dem Richter nicht erklären. Er war auch nicht in Geldschwierigkeiten, denn seit seiner Malerlehre hatte er immer gearbeitet, nach der Wende als Trockenbauer. Er ist ledig und hat somit auch keinerlei Unterhaltsverpflichtungen. Bei dem Überfall war er unbewaffnet und entschuldigte sich bei dem als Zeugen anwesenden Bankkassierer mit den Worten: „Ihnen wäre nie etwas passiert". Kopfschütteln und ein leichtes Schmunzeln bei allen Prozessbeteiligten rief die dilettantische Vorgehensweise des fernsehgesteuerten Möchtegerngangsters hervor. Dem bisher unbescholtenen Angeklagten gestand der Richter, aufgrund des Alkoholkonsums mit geschätzten 2,6 Promille, eine verminderte Schuldfähigkeit zu. Trotzdem, so die Staatsanwältin, sei das Ganze alles andere als ein Dummerjungenstreich, und unter Berücksichtigung aller mildernden Umstände fordere sie eine sechsmonatige Freiheitsstrafe, die zur Bewährung ausgesetzt werden könne.

Max V. versprach in seinem letzten Wort: „Sowas passiert mir nie wieder"! Im Urteil blieb es bei den sechs Monaten, die auf drei Jahre zur Bewährung ausgesetzt wurden. Außerdem muss der Angeklagte 2 000 Euro zugunsten einer regionalen Förderschule zahlen und die Kosten des Verfahrens tragen.

§§ VERKEHR §§§§§§§§§§§§§§§§§§§§§§§

Wortwechsel hatte Nachspiel

Ausgerechnet ein Verwaltungsangestellter eines Ordnungsamtes eines Landkreises legte sich mit einer Polizeistreife an. Etwas mehr Kollegialität und Verständnis für das Handeln der anderen sollte man da eigentlich voraussetzen. Dieter K. hatte zumindest nicht den richtigen Ton gegenüber den Beamten gefunden. Er bekam deshalb einen Strafbefehl wegen Beleidigung von der Staatsanwaltschaft, gegen den er Einspruch erhob, und so wurde vor dem Amtsgericht verhandelt. Der Biker bereute zwar sein Verhalten gegenüber der Streifenwagenbesatzung, fühlte sich aber in der Sache zu Unrecht bestraft.

Worum ging es nun eigentlich? Der 45-Jährige schilderte den Fall: Er sei mit seinem Motorrad an die Hauptkreuzung gefahren, wobei er fünf PKW überholte und sich vor dem ersten quer stellte. Pech gehabt! Das war der Streifenwagen. Die Insassen, ein Polizist mit seiner Kollegin, stoppten ihn und kontrollierten seine Papiere. Sie behaupteten, er sei bei Rot über die Kreuzung gefahren, was aber nicht stimmte, sagte Dieter K. weiter aus. Als er diesen Vorwurf empört zurückwies, hätten die beiden einschränkend behauptet, er sei aber über die Trennlinie gefahren. Daraufhin habe er gesagt, dass das Schikane sei und ob sie nichts anderes zu tun hätten, räumte er vor Gericht ein. Dass er ihm einen Vogel gezeigt habe und die Bemerkung zu dem Polizisten fiel: "So dumm wie Du aussiehst, bin ich nicht", hat es allerdings nie gegeben.

Für die Ordnungswidrigkeit habe er schon 120 Euro bezahlen müssen – sein Widerspruch dagegen sei abgelehnt worden, fuhr der Angeklagte fort. Mit einer Klage wegen Beleidigung habe er nicht gerechnet. Nachdem sich die Richterin und die Staatsanwältin kurz verständigt hatten, schlug die Vorsitzende vor, das Verfahren gegen eine Geldauflage einzustellen. Die Verteidigerin des Angeklagten wollte es bei 100 Euro belassen. Die Staatsanwältin verdoppelte, und damit zeigte sich dann auch die Richterin einverstanden.

So hat die flotte Zunge des Angeklagten auch eine gute Seite. Ein Verein zur Unterstützung schwerstkranker Kinder bekommt die 200 Euro vom Angeklagten überwiesen.

FREISPRUCH

Angelruten auf 100 Metern

Zumindest einen Beweis konnte das Gericht erbringen – angeln ist nicht immer nervenberuhigend. Der folgende Fall macht das deutlich:

Karl C. und Eberhard M. angelten am Oder-Havel-Kanal. Nach Mitternacht, die Fische bissen nicht und deshalb machten die beiden in ihren Autos ein Nickerchen und wurden plötzlich recht unwirsch geweckt. Vier Fischereiaufseher wollten ihre Angelpapiere und Gerätschaften kontrollieren. Von hier ab gehen nun die Schilderungen der Petrijünger und der Ordnungshüter auseinander. Die beiden Berliner beteuerten wortreich dem Gericht gegenüber, dass sie jeweils nur zwei Angeln im Wasser hatten und das sei statthaft. Die Kontrolleure sagten dagegen aus, dass es insgesamt 27 Ruten waren, ausgelegt auf einer Uferlänge von etwa 100 Metern. Deshalb saßen die beiden über 50-Jährigen wegen Fischwilderei auf der Anklagebank. Vehement bestritten sie diesen Vorwurf und benannten Zeugen, die damals in ihrer Nachbarschaft ebenfalls angelten und bestätigen könnten, dass auch noch weitere Angler an dieser Stelle dem Aal auflauerten.

Die Sache eskalierte dann, indem der 16-jährige Sohn eines Aufsehers dem vermeintlichen Fischdieb Karl C. mit einer schweren Stabtaschenlampe auf den Kopf schlug – ob aus Furcht, Übereifer oder Angriffslust sei dahingestellt. Stark blutend rief der Verletzte mit Hilfe und Einverständnis des Angreifers die Polizei. Nach einer Stunde traf diese dann ein und kassierte die Angelruten, die seitdem bei der Fischereibehörde verwahrt werden. Der Sachbearbeiter dieser Einrichtung bestätigte, dass 26 Angeln von dieser Razzia zu ihm gebracht wurden, allerdings wären 8 davon keinem Besitzer zuzuordnen gewesen. Ein anderer Aufseher hatte in sein Protokoll sogar 30 Ruten eingeschrieben.

Dem Staatsanwalt, wohlwissend, dass Angler gern übertreiben, wenn es um Größe und Anzahl der von ihnen gefangenen Fische geht und in dem Fall vielleicht auch um die Zahl der Ruten, waren letztendlich die Beweismittel nicht ausreichend. Er kam in seinem Plädoyer zu der Einsicht, dass man keiner Partei so richtig glauben könne. Deshalb beantragte er einen Freispruch, dem die Vorsitzende Richterin mit ihrem Urteil zustimmte.

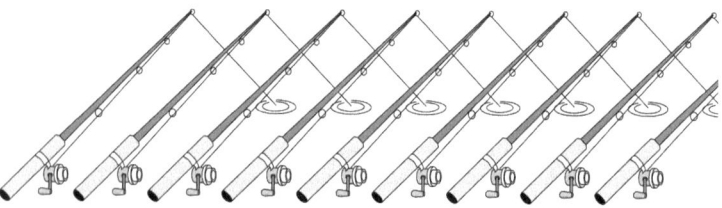

Knast für Motorradklau

Nur dem beherzten Eingreifen des Motorradbesitzers ist es zu verdanken, dass er seine geliebte Harley Davidson und noch zwei Motorradfans ihre BMW bzw. Honda weiter ihr Eigen nennen können. Die drei hochwertigen Maschinen, die zusammen 33 000 Euro wert sind, waren schon in einem LKW zum Abtransport nach Mecklenburg. Durch das Motorengeräusch des Kleintransporters in der Nacht um 1 Uhr 30 in dem um diese Zeit ruhigen Wohngebiet aufgeschreckt, sah der Harleybesitzer, dass sein Motorrad weg war.

Das konnte nur mit dem lärmenden LKW zusammenhängen, ahnte er und nahm mit einem Freund sofort die Verfolgung des Lasters auf. Seine Frau alarmierte die Polizei. Die stoppte mit Hilfe der Verfolger den Wagen und fand die drei Motrräder. „Die beiden hatten Glück, dass sie nicht uns in die Hände geraten sind, sondern der Polizei", war von dem im Gerichtssaal sitzenden muskelbepackten Harleyfahrer unmissverständlich zu hören. Er war zwar als Zeuge geladen worden, musste aber nicht aussagen, da die beiden 23-jährigen Diebe aus Mecklenburg zuvor ein umfassendes Geständnis abgelegt hatten.

Laut ihrer Darstellung hätten sie die Motorräder spontan gestohlen. Eigentlich seien sie nur auf Waschmaschinen und andere Elektrogeräte zum Ausschlachten ausgewesen und auf ihrer Suche nach Sperrmüll rein zufällig ins Berliner Umland geraten. Damit kamen sie weder beim Staatsanwalt noch den Richtern durch. Diese werteten das als reine Schutzbehauptung. „Nur dafür haben Sie sich extra von Europcar in Ihrer Heimatstadt für 159 Euro den Transporter geliehen, eine Menge Kraftstoff verbraucht und sind mehr als 200 Kilometer weit gefahren", wunderte sich der Staatsanwalt. Er könne sich nicht vorstellen, dass diese Unkosten mit Kupferkabeln aus den Geräten gedeckt werden könnten. Ganz zu schweigen von einem doch sicherlich erhofften Gewinn, selbst

13

bei einem Kilogrammpreis von 3,90 Euro, wie von den Angeklagten behauptet. „Wozu Haltegurte, wenn es um Kupfer geht", wollte der Ankläger weiter wissen. Für ihn sei klar, dass diese Tat mit hoher krimineller Energie geplant worden war und entsprechend zu bestrafen sei. Er beantragte 2 Jahre Gefängnis für den einen und 1 Jahr und 9 Monate für den anderen Angeklagten. Und weiter, da beide mehrfach einschlägig vorbestraft sind und zur Tatzeit unter Bewährung standen, käme eine Aussetzung der Freiheitsstrafe nicht noch einmal infrage. Das Schöffengericht schloss sich mit seinem Urteil diesem Antrag an.

§§KÖRPERVERLETZUNG§§§§§§§§§

Schläge im Suff

Wegen einer folgenschweren Körperverletzung war Albert K. angeklagt. Das Opfer, eine gute Bekannte des Mannes, erlitt erhebliche Verletzungen. Kathrin V. hat noch heute Kopfschmerzen und Beeinträchtigungen am Handgelenk. Trotzdem ist sie dem Angeklagten nicht böse. Beide können sich das damalige Geschehen, bei dem viel Alkohol im Spiel war, nicht erklären. Auch die Beweisaufnahme im Prozess brachte keine Aufhellung zum Tathergang und so stellte das Gericht dem 68-Jährigen gegen Zahlung eines Schmerzensgeldes von 1 000 Euro die Einstellung des Verfahrens in Aussicht. Dieser war sofort damit einverstanden.

Aus Sicht des Rentners spielte sich das für ihn noch heute Unfassbare so ab: Er habe Kathrin V., die er schon seit vielen Jahren kennt, zu sich in sein Heimatdorf nach Hause eingeladen. Die Berlinerin hatte endlich zugesagt, und er holte sie am Vormittag vom S-Bahnhof mit seinem Auto ab. In seinem Haus angekommen, wurde zur Begrüßung mit Sekt angestoßen. Im Laufe des Tages wurden daraus zwei Flaschen und ebensoviel Rotwein. Auf Wunsch seiner Besucherin sind sie auch am Nachmittag noch in die Dorfgaststätte eingekehrt, wo zwei Weinbrand und Biere über die Theke gingen. Beschwingt ging es wieder zurück in die

Wohnung – und wieder Rotwein. Dann am Abend, so der gelernte Zimmermann, muss ihm vom vielen Alkohol schlecht geworden sein. Er habe am Tage auch kaum etwas gegessen und vor lauter Aufregung vergessen, seine Tabletten gegen Bluthochdruck einzunehmen. Er sei wahrscheinlich eingeschlafen, erzählte der Mann weiter und plötzlich hochgeschreckt, weil er glaubte, dass jemand auf ihm saß und ihn würgte. Er dachte, es sei sein böser Nachbar, der ihn in der Vergangenheit schon mehrfach bedroht hatte, oder ein Einbrecher. „Ich habe um mein Leben gekämpft", unterstrich der Angeklagte seine Situation, „den Stuhl gegriffen und voll zugeschlagen". Der vermeintliche Einbrecher entpuppte sich aber als seine Besucherin, die er total vergessen hatte. Anschließend sei er auf den Hof gerannt und habe laut um Hilfe geschrien.

Die Geschädigte schilderte den Tag ähnlich. Als sie die Schläge trafen, stand sie am Küchenherd mit dem Rücken zum Angreifer. Sie sei blutüberströmt schutzsuchend unter den Tisch gekrochen. Wer sie geschlagen hatte und womit, könne sie nicht sagen. Zwei Tage später habe Albert K. sie im Krankenhaus besucht. Er habe sich vielmals entschuldigt. 14 Tage später, nachdem sie aus dem Krankenhaus entlassen worden war, sei sie noch einmal in das Dorf gefahren, um sich an Ort und Stelle Klarheit zu holen, wie es zu dieser Katastrophe kommen konnte – es ist ihr bis heute nicht gelungen.

§§ BETRUG §§§§§§§§§§§§§§§§§§§§§§§

Fantasie-Maschinen brachten 3,3 Millionen ein

Einer Baufirma im Berliner Norden wurde zusehens die Luft knapp. Auf dem hart umkämpften Tiefbaumarkt konnte sie nur noch schwer mithalten und kam in Solvenzschwierigkeiten. Es waren immerhin 300 Mitarbeiter zu bezahlen und in guten Zeiten betrug der Umsatz 30 bis 40 Millionen.

Der Firmenchef, sein Hauptbuchhalter und ein befreundeter Bau-maschinenhändler setzten sich zu einer Krisenberatung zusammen und kamen zu folgendem Plan: Man könne geleaste Baumaschinen, oder gar nicht vorhandene an eine Leasingfirma verkaufen und diese Maschinen von der gleichen Firma wieder ausleihen. So erhält man die nicht unerhebliche Kaufsumme in der Regel per Scheck und die Maschinen bleiben an Ort und Stelle. Durch provisionshungrige Leasingfirmenvertreter waren Kontrollen, ob die Radlader, Mini-bagger, Backenbrecher etc. überhaupt existierten, kaum zu befürch-ten, solange die Raten pünktlich bezahlt wurden. Das wurde auch peinlich genau eingehalten und innerhalb eines Jahres kamen so 3 348 000 DM in die Firmenkasse. Trotz dieser Scheinfinanzierung ging das nach der Wende gegründete Unternehmen im darauffolgen-den Sommer in Konkurs. Das veranlasste den Baumaschinenhändler Helmut L.(46) und Firmenchef Rainer Z.(46) sich selbst anzuzeigen und die entsprechenden Konsequenzen zu ziehen. Beide saßen des-halb auf der Anklagebank des Schöffengerichtes, neben ihnen der ehemalige Hauptbuchhalter Baldur S.(54), und mussten sich wegen des gemeinschaftlichen Betruges in 12 Fällen verantworten.

Rainer Z. gab reumütig alles zu, belastete aber auch gleichermaßen seinen damaligen Buchhalter, der sich wiederum mit dem Argument, er sei nur ein kleiner Angestellter gewesen, teilweise aus der Verant-wortung stehlen wollte. Helmut L. zeigte sich dagegen ebenfalls ein-sichtig – er hatte aus Gefälligkeit mit den entsprechenden Kopf-bögen seiner Firma die Verträge „getürkt" und die Verkaufserlöse an den Buchhalter weitergeleitet. Dass die Sache nicht sauber war, war ihm klar. Alle drei gingen damals davon aus, dass die Firma sich wie-der erholen würde und man die ganze Angelegenheit aus eigener Kraft lösen könnte. Das Schicksal und die Gerechtigkeit wollten es anders. Der Staatsanwalt forderte für Rainer Z. 2 Jahre Freiheitsstra-fe, für Baldur S. 1 Jahr und 3 Monate und Helmut L. 1 Jahr. Da alle Angeklagten bisher straffrei durchs Leben gegangen sind, können diese Strafen zur Bewährung ausgesetzt werden. Das Gericht schloss sich diesem Antrag an und verhängte als Bewährungsauflagen 10 000 DM Geldbuße für den ehemaligen Firmenchef, 5 000 DM für den Buchhalter und 2 500 DM für den Händler – alles zu Gunsten des SOS Kinderdorf e. V..

§§ BELEIDIGUNG §§§§§§§§§§§§§§§

Ein aggressiver Vater

Nach der Trennung von seiner Frau war Pawel P. das Sorge-und Umgangsrecht für die drei gemeinsamen Kinder von einem Hamburger Familiengericht entzogen worden. Mit diesem Urteil wollte sich der 51-Jährige nicht abfinden und kämpfte um die Möglichkeit einer regelmäßigen Begegnung mit seinen Kindern. Dabei ließ er allerdings Sachlichkeit, geschweige denn Höflichkeit im Umgang mit den Behörden vermissen. Deshalb saß der in Berlin lebende Mann wegen Beleidigung und weiterer Vorwürfe auf der Anklagebank. Das Gericht verurteilte ihn zu einer Geldstrafe von 900 Euro. Es zeigte mit diesem Urteil Milde und berücksichtigte eine von einem Gutachter bestätigte krankheitsbedingte verminderte Schuldfähigkeit des Angeklagten.

Der studierte Lehrer war 1988 aus der damaligen Volksrepublik Polen nach Deutschland gekommen. Hier lernte er seine Frau kennen. Aus dieser Ehe gingen drei Kinder hervor. Nach fünf Jahren trennte sie sich von ihrem Mann und verzog mit unbekantem Aufenthalt aus Hamburg. Fünf Jahre danach fand er seine Ex-Frau in einer Kreisstadt nördlich von Berlin und nahm unerlaubt Kontakt zu den Kindern auf. Sie hatten Angst vor dem leicht aufbrausenden Vater. Zuständige Behörden schritten ein, so das Jugendamt und das Familiengericht. Sie unterstrichen nach Aktenlage die Entscheidung des Hamburger Familiengerichtes. Pawel P. hatte dafür kein Verständnis. Er sieht sich laut Grundgesetz im Recht, seine Kinder sehen zu dürfen und fühlt sich von den Ämtern falsch behandelt. Seine Hauptwut richtet sich dabei gegen den damit beauftragten Familienrichter. In verschiedenen Schreiben, zum Beispiel an das Justizministerium, an das Landgericht und den Direktor des Amtsgerichtes beschimpfte er den Richter als „Schwein, Idioten, Drogendealer,

Kindermörder und Terroristen". Auch im Jugendamt drohte er damit, eine Mitarbeiterin zu erschießen, wenn nicht sofort seine Wünsche erfüllt würden.

Im Gerichtssaal erklärte er wortreich, dass das nie ernst gemeint war: „Meine Pistole ist das hier", sagte er und hielt theatralisch seinen Kugelschreiber in die Höhe. „Und das ist meine Munition – ein Blatt Papier".

Der Gutachter bestätigte, dass der Angeklagte durch seine Lebensumstände zu einer narzistischen Person geworden sei – das ist eine seelische Erkrankung. Symptomatisch sei, dass sich alle Aktivitäten auf das vermeintliche „Recht-zu-haben" fokussieren und der Kranke dabei weit über das Ziel hinausschießt.

Der Angeklagte selbst bestätigte diese Krankheitsbeschreibung mit seinen letzten Worten: „Ich akzeptiere keine Strafe".

FAHRLÄSSIGE TÖTUNG

Das junge Glück währte nur neun Tage

Mit einem tragischen Verkehrsunfall, der im Herbst 2001 auf einer Landstraße nach Zehdenick geschah, musste sich das Schöffengericht am 3. Feiertag beschäftigen. Mit einem Jahr und sechs Monaten Gefängnis für den schuldigen Rudolf J. verteilten die Richter kein nachträgliches Weihnachtsgeschenk. Dass die Strafe zur Bewährung ausgesetzt wurde, war dann schon eher ein nachträglicher Akt der Gnade. Der gebürtige Mildenberger saß mit Alkohol am Steuer, als er mit einem entgegen kommenden Auto zusammenstieß. Seine Beifahrerin erlitt so schwere Verletzungen, dass sie noch am Unfallort verstarb.

Rudolf J. lebte fast zwei Jahre in Asien, dabei lernte er eine Thailänderin kennen, die er nach Landesrecht auch heiratete. Sie wollte allerdings anfänglich nicht mit nach Deutschland. Nachdem er zehn

Monate von ihr getrennt wieder in Berlin wohnte, entschloss sie sich doch nachzureisen. Nur wenige glückliche Tage verblieben dem jungen Paar. Im Hochgefühl ihres Wiedersehens fuhren sie zum Rathaus Zehdenick, um fehlende Papiere für die nun nach deutschem Recht geplante Hochzeit zu besorgen. Nicht ohne Stolz stellte der Bräutigam die attraktive Frau seiner Mutter und Freunden vor. Dabei, gestand der Angeklagte, seien schon einige Bierchen getrunken worden. Auf der Rückfahrt nach Berlin besuchten sie noch einen Bekannten. Der schenkte ohne Bedenken mehrere Gläser hochprozentigen Obstler aus. Benebelt startete der 33-Jährige seinen Opel-Manta und kam etwa einen Kilometer weiter in einer Linkskurve ins Schleudern. Trotz einer Vollbremsung konnte der ihm entgegenkommende Fah-rer mit seinem Golf einen Zusammenstoß nicht mehr vermeiden. Er krachte in die rechte Seite des anderen. Der 24-Jährige wurde dabei erheblich verletzt. Ein Schädelbasisbruch, gebrochene Zehen und ein lädiertes Handgelenk machen ihm heute noch zu schaffen. Für die neben ihrem alkoholisierten Mann (ca. 2 Promille) sitzende junge Frau kam jede Hilfe zu spät.

Immer wenn der Richter auf die Verletzungen der Verunglückten zu sprechen kam, musste der Angeklagte sichtlich mit den Tränen kämpfen. Durch den Verlust seines liebsten Menschen ist der Beschuldigte schon hart bestraft, räumte der Vorsitzende Richter in seiner Urteilsbegründung ein. Es ist aber durch sein unverantwortliches Verhalten selbst verschuldet und deshalb seien 18 Monate Freiheitsentzug angemessen. Da Rudolf J. keine Eintragungen im zentralen Verkehrsregister hatte, wird Bewährung gegeben. Gleiches hatte zuvor auch die Staatsanwältin beantragt. Die Fahrerlaubnis, die ihm noch am Unfallort abgenommen wurde, wird für ein weiteres Jahr gesperrt – die Bewährungsdauer wurde auf vier Jahre festgelegt.

Aus Liebe „getürkt"

Liebe macht blind – diese Lebensweisheit musste eine junge Berlinerin lernen und beinahe bitter dafür bezahlen. Sie hatte für ihren Lebenspartner, auf seinen Wunsch hin, eine Versicherungsagentur eröffnet und seine abgeschlossenen Verträge blindlings unterschrieben. Wie sich bald herausstellte, waren diese „getürkt" und ihr Freund hatte 21 255 Euro Provision unrechtmäßig kassiert. Da die Verträge auf ihren Namen gingen, wurde Gabriela B. wegen Betruges in 20 Fällen und Urkundenfälschung angeklagt und erhielt einen Strafbefehl von 100 Tagessätzen zu 10 Euro, also 1 000 Euro Geldstrafe. Dagegen legte die 26-Jährige fristgemäß Einspruch ein, und so wurde am Amtsgericht verhandelt.

Die Angeklagte ließ durch ihren Verteidiger wissen, dass die Namen und Adressen der Vertragspartner, mit denen ihr damaliger Freund Krankenversicherungsverträge abgeschlossen haben wollte, von ihm frei erfunden waren und sie davon nichts wusste. Dieser Peter O. bestätigte die Aussage der Angeklagten vollinhaltlich als Zeuge. Er hatte zu der Zeit erhebliche Schulden und ein Insolvenzverfahren am Hals, führte der gelernte Bank- und Versicherungskaufmann weiter aus. Deshalb bat er Gabriela B., als Nebentätigkeit eine Versicherungsagentur zu betreiben, bei der er die eigentliche Arbeit machen wollte. Die junge Frau hatte gerade ihre Ausbildung als Bürokauffrau beendet und von Versicherungsgeschäften keine Ahnung. Sie vertraute aber dem geliebten Mann. Nach einem guten halben Jahr trat die Versicherungsgesellschaft auf den Plan, weil von den vermeintlichen Neukunden keine Beiträge eintrafen und drohte ihr mit einer Strafanzeige. Trotz dieses Schocks hielt Gabriela B. auch jetzt noch zu ihrem Partner und nahm die Schuld auf sich. Sie wollte gemeinsam mit ihm und der Hilfe ihrer Eltern das Geld ratenweise zurückzahlen. Als das aus Sicht der Versicherung nicht zügig genug geschah, kam es nun doch zur Anzeige und der oben schon genannten Geldstrafe. Anständigerweise zeigte sich Peter O. selbst bei der Staatsanwaltschaft an. Er hat aber bis zu diesem Prozess noch keine Antwort von dort erhalten, erklärte er im Zeugenstand. Er wollte, dass es gar nicht erst zu dieser Gerichtsverhandlung käme. So beteuerte er auch vor Gericht, dass seine ehemalige Freundin – sie leben seit zwei Jahren getrennt von einander – von der Sache nichts wusste, also zu Unrecht angeklagt sei. Das Gericht glaubte ihm und sprach die Angeklagte frei.

BRANDSTIFTUNG

Brandstifter bleibt in Haft

Vier Jahre Freiheitsstrafe für Norman B. lautete das Urteil des Schöffengerichtes. Es befand den Angeklagten der schweren Brandstiftung und Körperverletzung für schuldig. Das Gericht sah es als erwiesen an, dass der 26-Jährige eine leerstehende Wohnung in einem sonst bewohnten Mehrfamilienhaus mit Brennspiritus angesteckt hat. Die schnell handelnde Feuerwehr konnte glücklicherweise die Ausbreitung des Brandes und eine drohende Katastrophe verhindern, denn in der Küche der Wohnung war der Gashahn offen. Im gleichen Haus hatte der Angeklagte zuvor einen Mitbewohner übel zusammengeschlagen und diesem später in dessen Wohnung mit einem Bügeleisen den Oberarm verbrannt. Ein Nachbar ging beherzt dazwischen und verhütete Schlimmeres. Weitere Delikte, wie Hausfriedensbruch, unerlaubter Waffenbesitz und ein Ladendiebstahl wurden in das Urteil mit einbezogen. Gegen den Angeklagten wurde Haftbefehl wegen Fluchtgefahr erlassen. Darüber hinaus muss er auch mit dem Widerruf einer zweijährigen Bewährungsstrafe rechnen, die er für vorangegangene Straftaten bekommen hat.

Norman B. wird also voraussichtlich sechs Jahre Zeit haben, sein Problem in den Griff zu bekommen, denn alle Taten beging er immer stark alkoholisiert. Der Angeklagte ist Alkoholiker und im Rauschzustand eine permanente Gefahr, bestätigte ein Gutachter dem Gericht. Und weiter, er könne eine Wiederholungsgefahr ähnlicher Taten bei dem jungen Mann nicht ausschließen. Eine Therapie wäre erst nach längerem Entzug während der Haftverbüßung sinnvoll, empfahl der Arzt.

Diesem Rat schloss sich der Staatsanwalt in seinem Plädoyer an, in dem er nach den ersten zwei Jahren Haft die folgenden Jahre für den Maßregelvollzug beantragte. In diesem Zeitraum wäre dann die Chance einer Heilung des Alkoholkranken am wahrscheinlichsten. Die Richter folgten diesem Antrag und bestätigten in ihrem Urteil die Forderungen des Anklägers.

RECHTSRADIKAL

Schumi verunglimpft

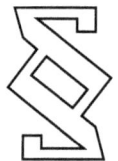

Der Anwalt des Formel-1-Rennfahrers Michael Schumacher stellte Strafanzeige gegen Gerhard W.. Der gerade zu dieser Zeit mit seinem Abitur beschäftigte Gymnasiast hatte auf seiner Homepage im Internet den mehrfachen Weltmeister als Adolf Hitler dargestellt. Auf dem mit großer Wahrscheinlichkeit aus einer Zeitschrift kopierten Pressefoto steht links neben dem Kerpener der technische Direktor des Rennstalls mit einem Hakenkreuz vorn auf der sonst typischen Ferrari-Mütze.

Auf die Frage des Richters nach den Gründen dieser abartigen Darstellung gab der Angeklagte an, dass ihm dieses Bild wegen seiner Provokation gefallen habe. Es habe nichts mit seiner politischen Haltung zu tun. Er sei keinesfalls „rechts" eingestellt, das habe er auch eindeutig schriftlich in einer Stellungnahme und gleichzeitiger

Entschuldigung gegenüber dem Jugendamt und der Jugendgerichtshilfe dargelegt.

Der Vorsitzende hielt dem inzwischen in Potsdam Studierenden weiter vor, dass man über Geschmack bekanntlich nicht streiten kann: Aber diese Sache sei keine Geschmacklosigeit, wie seiner Meinung nach die anderen ebenfalls auf der Internetseite veröffentlichten Bilder, sondern eine Straftat. Bei diesen anderen Darstellungen wird zum Beispiel der ehemalige USA-Präsident Bill Clinton gezeigt, wie er Kindern Nacktfotos hinhält. Immerhin, gab der junge Mann zu, wären diese provokanten Bilder über ein Jahr unbeanstandet im Netz gewesen. Heute sieht er das als Dummheit an, aus falschem, übertriebenen jugendlichen Geltungsbedürfnis entstanden.

So ähnlich sahen es dann auch die Staatsanwältin und der Richter. Der da auf der Anklagebank Sitzende passt nun wirklich nicht in das Bild eines Rechtsradikalen, der etwa ohne Sinn und Verstand Naziparolen durch die Gegend grölt. Dafür ist er eigentlich zu intelligent. In der Annahme, dass sich der 21-Jährige diesen für ihn peinlichen Prozess wegen der Verwendung von Kennzeichen verfassungsfeindlicher Organisationen zu Herzen nimmt, könne man das Verfahren gegen eine Geldauflage von 200 Euro einstellen, schlug der Ankläger deshalb vor. So erspare man dem zukünftigen Volkswirt eine Vorstrafe – sicherlich eine wichtige Entscheidung für seine spätere Berufskarriere.

DROGEN

Cannabis angebaut und geerntet

Mit einem geschätzten Gewinn im vierstelligen Eurobereich aus acht Kilo Cannabispflanzen wurde es für Konrad T. nichts. Er hatte sie an abgelegener Stelle zwischen zwei Dörfern nördlich von Berlin mit einem Helfer geerntet und zur Weiterbearbeitung in einem ungenutzten alten Schweinestall eingelagert. Der Besitzer des Stalles wusste nichts von dieser Aktion, und als er die verbotenen Pflanzen entdeckte, rief er die Polizei. Er ließ sich auch nicht durch eine in Aussicht gestellte Beteiligung an dem „Stoff" davon abhalten. Statt den erhofften größeren Betrag zu bekommen, ging der eifrige Hanfanbauer in U-Haft und saß nun auf der Anklagebank des Jugendschöffengerichtes.

Der Vorwurf lautete: Besitz und versuchter Handel mit Betäubungsmitteln in nicht geringer Menge. Der Grenzwert ist dabei vom Bundesgerichtshof auf einen THC-Wert (Tetrahydrocannabinol) von 7,5 Gramm festgelegt. Bei der in diesem Fall beschlagnahmten Menge lag der Wert bei 194 Gramm, also bei mehr als dem Zwanzigfachen. So versuchte der 20-Jährige auch gar nicht erst zu behaupten, das wäre ja nur für seinen Eigenbedarf. Er wollte verkaufen, gab er unumwunden zu.

Damit hat er gröblichst gegen das Betäubungsmittelgesetz verstoßen und sich eines Verbrechens schuldig gemacht. Er erhielt eine Jugendfreiheitsstrafe von 1 Jahr und 10 Monaten, die zur Bewährung ausgesetzt wurde. Die Bewährungszeit wurde auf zwei Jahre festgelegt, und für das erste Jahr wird dem Angeklagten ein Bewährungshelfer an die Seite gestellt. Außerdem soll er 120 gemeinnützige Arbeitsstunden möglichst in der Heimatgemeinde ableisten und die Prozesskosten tragen, hieß es weiter im Urteil.

Mathias M., Zeuge im Prozess, war zur Tatzeit mit dem Angeklagten in der Ausbildung. Sie teilten sich im Berufsschulinternat ein Zimmer. Konrad kiffte, erzählte der Berliner. Er wollte ihn mehrfach davon abbringen, aber es war ergebnislos. Sein Zimmergenosse habe auch öfter über einen eventuellen Hanfanbau gesprochen. Bei einer Nacht- und Nebelaktion half er dann mit seinem PKW, die Pflanzen abzufahren, da sein Kumpel kein Auto besaß. Es war ein reiner Freundschaftsdienst, betonte der 21-Jährige. Für die zweite Nacht habe dann Konrad einen Wagen mit Hänger von seinem Großvater besorgt, den ich dann fuhr, sagte der Zeuge weiter aus. Der Angeklagte hatte sich ähnlich geäußert, behauptete aber, die Pflanzen rein zufällig bei einem Spaziergang entdeckt zu haben. Das Gericht glaubte ihm diese Darstellung nicht, wobei das für die Strafzumessung auch völlig unerheblich war.

Rotlicht im Hühnerstall

Ein Nachbarschaftsstreit beschäftigte das Amtsgericht. Dabei ging es um Stromklau, eine Kleintierzucht und viel Misstrauen. Das Verhältnis zwischen Sonja L. und ihrem Ex-Schwager ist seit längerer Zeit zerrüttet. Nicht zum ersten Mal trafen sie sich im Gerichtssaal. Diesmal hat Sonja L. den Nachbarn im Verdacht, auf ihre Kosten Strom zu verbrauchen. Entziehung von elektrischer Energie heißt das im Juristendeutsch. Deshalb saß Fritz K., der diesen Vorwurf vehement bestritt, auf der Anklagebank. Er hatte aufgrund der Anzeige seiner Nachbarin von der Staatsanwaltschaft einen Strafbefehl in Höhe von 500 Euro erhalten, gegen den er Einspruch erhob. Es wurde also verhandelt. Nach der Beweisaufnahme war das Gericht nicht von der Schuld des Angeklagten überzeugt und sprach ihn aus Mangel an Beweisen frei.

Für Sonja L. bleibt die überhöhte Stromrechnung ein Rätsel. Der Ort des Geschehens ist ein Grundstück mit mehreren Gebäuden in einem winzigen märkischen Dorf. Hier wohnen die Klägerin und ihr zweiter Mann quasi Tür an Tür mit dem Angeklagten und Bruder des Ex-Mannes von Sonja L.

Im Mittelpunkt des Streites steht ein Stallgebäude, das ursprünglich vom Netz der Klägerin gespeist wurde. Diese Leitung sei aber durch den Besitzerwechsel gekappt worden, hieß es. Dasselbe gelte nach Aussage von Sonja L. auch für die später angebaute Garage. Das Zweckgebäude wurde durch einen der schon erwähnten Gerichtsentscheide Fritz K. zugesprochen.

Sonja L. wurde stutzig, als sie mit der letzten Jahresendabrechnung eine Nachzahlungsforderung vom Stromanbieter von 1 450 Euro bekam. Ihre Abschlagzahlung wurde von konstanten 80 auf satte 204 Euro erhöht, erklärte sie. Ihr Verdacht fiel sofort auf den Nachbarn, weil in dessen Stallgebäude nachts fast permanent Rotlicht brannte. Der 82-jährige Vater des Angeklagten hält darin Hühner, Enten und Kaninchen. So sei sie auf die Idee gekommen, die alten Sicherungen herauszudrehen und siehe da, das Rotlicht im Stall ging aus. Diese Beobachtung zeigte sie auch ihrer Nachbarin, die das vor Gericht bezeugte. Vater Paul K. bestätigte seine Kleintierhaltung in dem Stall und auch, dass er, wenn auch selten, Rotlicht dafür benutzt. Er habe aber schon vor 12 Jahren eigenhändig einen Kabelschacht gegraben und das Stallkabel an seinen Stromzähler legen lassen. Die Nachbarin lügt, so die Feststellung des alten Herren.

Es stand also Aussage gegen Aussage. Die nachbarschaftlichen Beziehungen werden wohl auch nach diesem Prozess weiter unter Hochspannung bleiben.

§§ SEXUALVERBRECHEN §§§§§§§§§

Wenn die Liebe bricht

Eigentlich ein schönes Paar, der dunkelhäutige, kraushaarige Carlos S. und seine hellblonde Ehefrau Carola, beide Anfang 30 und seit fast zehn Jahren verheiratet. Leider zogen sich hier die sprichwörtlichen Gegensätze nicht auf Dauer an.

Der Kubaner Carlos S., der schon lange in Deutschland lebt, ist der mehrfachen Körperverletzung und versuchten Vergewaltigung seiner seit zwei Jahren von ihm getrennt lebenden Frau angeklagt. Im Sommer des Trennungsjahres ist er in ein Hotel am Rande seines Wohnortes, in das Carola S. vor ihm geflüchtet war, gewaltsam eingedrungen, hat sie gewürgt und sexuell berührt, heißt es nach Aussagen des Opfers.

Ein halbes Jahr später gelangte er mit einem Nachschlüssel in die Wohnung seiner Ehefrau, als sie gerade nur mit einem T-Shirt leicht bekleidet aus dem Bad kam. Auch hier ein sexueller Übergriff, ein heftiger Kampf und Hilfeschreie der Bedrängten. Das Wohnzimmer war total verwüstet, und Carola S. hatte Blutspuren an ihrem T-Shirt.

Nur eine Woche danach versuchte ihr Noch-Ehemann, sich ihr wiederum gewaltsam zu nähern. Wieder ein halbes Jahr weiter, so Carola S., eskalierte die Situation an gleicher Stelle. Hier stieß der ungebetene Gast die Frau zu Boden, wobei ein großer Wandspiegel zersplitterte. Mit dem Rücken auf den Scherben liegend, wagte sie keine Gegenwehr mehr.

Das Ganze geschah vor den Augen ihrer 13-jährigen Tochter und des gemeinsamen vierjährigen Sohnes. Um ihrer Mutter zu helfen, schlug die Tochter dem Stiefvater mit einer Holzfigur auf den Kopf, worauf dieser blutend flüchtete.

Der Angeklagte bestritt die angegebenen Tatzeiten nicht, allerdings sind seine Darstellungen andere. Er wäre immer nur nach telefonischer Anmeldung stets von Carola S. in aufreizender Bekleidung empfangen und durch ihr lasziwes Verhalten provoziert worden. Rein im Liebesrausch seien Möbel entzwei gegangen, und auch die Verletzungen seiner Frau waren lediglich „Verkehrsunfälle", bat der Mann um Verständnis.

Da auch die Aussage der Tochter nichts Entlastendes für ihn brachte, befand das Gericht den Angeklagten in allen Punkten für schuldig und verurteilte Carlos S. zu einem Jahr und drei Monaten Freiheitsstrafe. Sie zur Bewährung auszusetzen, so die Vorsitzende Richterin, sei dem Gericht nicht leicht gefallen, aber man gehe davon aus, das Carlos S. durch die verbüßte Untersuchungshaft trotz seiner karibischen Mentalität nun zur Vernunft gekommen sei.

FÄLSCHUNG

Blüten brachten kein Glück

Ein Jahr und zwei Monate Gefängnis handelte sich ein Mann ein, weil er 4 000 DM Falschgeld über Mittelsleute in Umlauf bringen wollte. Die Sache ging schon beim ersten Umtauschversuch schief. Die Blüten hatte der 34-Jährige preisgünstig im Oktober 2001, also kurz vor dem Euro, in Polen gekauft. Wegen seiner gezeigten Reue und einem vollen Geständnis und weil kein Schaden entstanden sei, ging das Schöffengericht von einem minderschweren Fall aus. Die Strafe wird für den nicht einschlägig vorbestraften Schlosser zur Bewährung ausgesetzt.

Peter M. hatte sich nach der Wende mit viel Fleiß zum Bauleiter einer westdeutschen Firma hochgearbeitet. Er verdiente gut und baute sich ein Haus, das er mit seiner Frau bewohnte. Berufsbedingt war er wenig zu Hause und überließ alle finanziellen Belange seiner Partnerin, mit der er seit 1995 verheiratet war. Als er wieder einmal nach langer Montagearbeit im Herbst 2001 nach Hause kam, war seine Ehefrau mit allem Geld durchgebrannt. Er stand mit allen Krediten und sonstigen Verpflichtungen vor dem Aus. Hinzu kam auch noch der Konkurs seines Arbeitgebers und seine darausfolgende Arbeitslosigkeit.

Mit seinem letzten Geld fuhr er für ein paar Tage nach Stettin, um auf andere Gedanken zu kommen. In der Hotelbar bekam er dann den zweifelhaften Tipp, billig Falschgeld kaufen zu können. Dieser Versuchung konnte er nicht widerstehen und für 500 echte DM erwarb er 10 000 falsche. Einem ihm bekannten Paar gab er davon 4000 DM mit dem Angebot, diese „reinzuwaschen" und den Gewinn dann zu teilen. Die restlichen 6 000 DM Falschgeld habe er später aus Angst verbrannt. So etwa schilderte der Angeklagte dem Gericht seine damalige Situation.

Bei dem Versuch, fünf Einhundertmarkscheine bei der Postbank einzuwechseln, wurde der 22-jährige Rudolf V. festgenommen. Er und auch seine Freundin bestätigten als Zeugen im Wesentlichen die Ausführungen des Angeklagten. Sie waren allerdings der Meinung, dass Peter M. mehr als 10 000 falsche DM im Koffer seines Motorrades versteckt hatte. Beide wurden schon in einem gesonderten Verfahren wegen dieser Sache rechtskräftig verurteilt.

Der Staatsanwalt forderte in seinem Plädoyer ein Jahr und acht Monate Freiheitsstrafe, der Verteidiger wollte seinen Mandanten mit sechs Monaten davon kommen lassen. Über eine Bewährungs waren sich beide gleichermaßen einig. Mit 14 Monaten fanden die Richter daraus den Mittelweg in ihrem Urteil. Die Bewährungsdauer wurde auf zwei Jahre festgelegt.

§§ VERKEHR §§§§§§§§§§§§§§§§§§§§§§§

Da war selbst der Richter sprachlos

So genannte OWIS „Ordnungswidrigkeiten" beschäftigen die Richter am Amtsgericht Woche um Woche. Meist geht es dabei um Straßenverkehrsdelikte, die von der Polizei mit einem Bußgeld belegt wurden, gegen die aber die vermeintlichen Verkehrssünder Einspruch einlegt haben, weil sie sich zu Unrecht bestraft fühlen. Hand aufs Herz, wer musste nicht schon einmal wegen Falschparkens oder zu schweren Gaspedalfußes blechen! Anstatt zähneknirschend zu zahlen und Einsicht zu zeigen, versuchen sich einige Autofahrer mit zum Teil haarsträubenden Argumenten herauszuwinden.

Drei Beispiele:

Der 37-jährige Jürgen T. wurde mit 126 km/h auf dem Berliner Ring gestoppt – 46 Stundenkilometer mehr als erlaubt. Die Folge: 200 Euro Bußgeld und 1 Monat Fahrverbot. Er wäre aber nicht die Person auf dem Blitzfoto, erklärte er dem Richter, sondern es handele sich dabei um einen Polen, der ihm sehr ähnlich sei. Die Anschrift dieses Fahrers hätte er allerdings rein zufällig nicht dabei. Kopfschüttelnd gab der Richter zu bedenken, dass er dann einen Sachverständigen einschalten müsse und die Kosten für dessen Gutachten ein Vielfaches des Bußgeldes ausmachen werden – das kann schnell in die Tausende gehen. Jürgen T. nahm starrsinnig dieses „Friedensangebot" nicht an – eigentlich hätte spätestens an dieser Stelle sein Verteidiger ihm dazu raten sollen.

Manfred A. fuhr in der Stadt 34 Stundenkilometer zu schnell. Auch für ihn 200 Euro und ein Monat keinen Führerschein. Seine Ausrede, er wäre nur so schnell gefahren, um einem hinter ihm fahrenden Krankenwagen mit Blaulicht Platz zu machen, ließ der Richter nicht gelten. Er sah es aber für den 26-jährigen Montagetischler als besondere Härte an, ohne Fahrerlaubnis zu sein und erhöhte deshalb das Bußgeld auf 500 Euro, erließ dafür aber den Führerscheinentzug.

Den kuriosesten Einspruchsgrund schließlich lieferte Hubert E. aus Berlin. Der Berufskraftfahrer wurde auf der Autobahn mit 105 Stundenkilometern (LKW 80 !) geblitzt und sollte dafür 140 Euro berappen. Der 36-Jährige gab das auch vor Gericht ohne Einschränkung zu, er habe aber nur deshalb Einspruch eingelegt, weil sein Familienname im Bußgeldbescheid falsch geschrieben sei. Da war selbst der Richter für einen Moment sprachlos.

§§ FREISPRUCH §§§§§§§§§§§§§§§§§§

Jäger fühlte sich aufs Korn genommen

Ein gutes Dutzend westfälische Jäger waren nicht auf der Pirsch, sondern im Gerichtssaal des Amtsgerichtes. Drei davon saßen wegen Körperverletzung auf der Anklagebank, einer ihnen gegenüber als Nebenkläger, der Rest als Zeugen bzw. Zuhörer des Verfahrens. Der angeblich geschädigte Otto C. hatte seinen ehemaligen Jagdfreund

Ernst S. und dessen zwei Jagdgäste beschuldigt, ihn in der Nacht in seinem Jagdrevier in der Schorfheide zusammengeschlagen zu haben. Die nicht vorbestraften Angeklagten und arbeitsamen Familienväter bestritten diesen Vorwurf vehement.

Der Pensionär Otto C. aus Hamm (Westfalen) und sein 50-jähriger Landsmann Ernst S. waren zusammen mit noch drei anderen Waidmännern Jagdpächter in diesem Gebiet, aber wie der Prozess zeigte, nicht unbedingt Freunde. Der 71-jährige Kläger hatte zweifelsfrei die meiste Zeit, sich im Revier zu bewegen. Er hielt die Hochstände in Ordnung, führte die Bücher der Gruppe und hatte sicher auch die besten Abschüsse.

Das stößt nicht immer auf Gegenliebe unter Jägern. „Jagdneid ist der größte Neid den es gibt", mit diesem Ausspruch umriss der ebenfalls zur Gruppe gehörende Gastwirt Tobias U. als Zeuge sehr deutlich die Stimmung untereinander. So versuchten die vier, sich von C. zu trennen, indem sie ihm kündigten und auch keine Pacht von ihm kassierten. Trotz dieser Ausladung tauchte der Unerwünschte wieder im Revier auf, um zu jagen. Ernst S. mit seinen Gästen, die zur gleichen Zeit dort weilten, stellten ihn daraufhin zur Rede. Ihrer Meinung nach hätte er nichts mehr in ihrem Wald zu suchen, zumal er sein Gewehr bei sich hatte. In ihren Augen wäre er so gesehen ein Wilderer. Diese sehr emotionale Auseinandersetzung geschah kurz vor Mitternacht, wobei Otto C. vor der Richterin behauptete, er wäre von den wesentlich jüngeren Dreien nicht nur beschimpft, sondern auch zu Boden geschlagen und getreten worden. Nur mit großer Mühe hätte er sich danach zu seinem etwa fünf Kilometer entfernten Freund, der dort auf einer Kanzel saß, geschleppt. Mit seinem Auto hätte er nicht fahren können, weil man die Luft aus den Reifen gelassen hatte.

Diese Darstellung wurde allerdings durch die Aussage des Schwagers des Hauptangeklagten erschüttert. Er sah diese nächtliche Szene als Augenzeuge von seinem Hochsitz mit dem Fernglas und beschwor – der Staatsanwalt hatte seine Vereidigung beantragt – , nicht die geringste Tätlichkeit gesehen zu haben. Gegen die Klage des älteren Herren sprechen auch seine unwesentlichen Verletzungen, „er ist erst drei Tage danach deswegen bei seinem Hausarzt in Hamm gewesen". Es liegt der Verdacht nahe, dass er seinen Widersachern mit dieser

Anzeige vielleicht nur einen Denkzettel verpassen wollte. Deshalb konnte mangels eindeutiger Beweise der Staatsanwalt nach dem Grundsatz „im Zweifel für den Angeklagten" nur einen Freispruch beantragen. Dem stimmte die Strafrichterin nicht mit einem „Waidmannsheil" sondern im Namen des Volkes in ihrem Urteil zu.

EINBRUCH

Schamlos in die Häuser eingestiegen

Für eine ganze Serie von Einbrüchen in Einfamilienhäuser im Raum des nördlichen Berliner S-Bahnbereiches mussten sich Norman K. und Marcel F. vor dem Jugendschöffengericht verantworten. Die Brüche wurden von dem Duo immer nach folgendem Muster ausgeführt: Um sicher zu gehen, dass niemand im Haus war, klingelten sie zuerst. Dann wurde kurzerhand eine Fenster- oder Türscheibe eingeschlagen, um sich Zutritt zu verschaffen. Die Diebstähle wurden dreist am hellichten Tag begangen.

Nur gepflegte Häuser von vermeintlich wohlhabenden Besitzern wurden von den Dieben ausgesucht. Die gemachte Beute bestätigte ihre Auswahl. So drangen die beiden 20-Jährigen in ein Haus ein und erbeuteten eine Videokamera, einen Fotoapparat und diversen Goldschmuck. Zwei Tage später stahlen sie aus einem Haus im Nachbarort eine Videokamera, Schmuck, eine Schreckschußpistole, Briefmarkenalben und Zigaretten. Weil alles so gut klappte, knöpften sie sich nur drei Tage danach eine andere Villa vor und waren um 500 Euro reicher. Die Haustür eines anderen Anwesens hielt den Einbrechern stand, so dass sie flexibel zum Nachbargrundstück umsetzten, hier mit dem Erfolg, eine Videokamera und 1000 Euro zu ergattern.

Zum Verhängnis wurde den Angeklagten aber eine andere Tat. Mehr aus Langeweile fuhren sie nachts durch ihr „Jagdrevier", ließen spontan ihr eigenes Auto stehen, um einen abgestellten VW Passat zu stehlen. Türschloss aufbrechen, Lenkradsperre knacken, Zündung kurzschließen und losbrettern: Für beide eine Sache von Sekunden – sie haben darin reichlich Erfahrung, wie man ihren Vorstrafenregistern entnehmen konnte. Einer Zivilstreife fiel der mit hoher Geschwindigkeit fahrende Passat auf. Sie überholten diesen und forderten zum Halten auf. Norman K., der am Steuer saß, überholte nun seinerseits die Streife und flüchtete.

Es entspann sich eine krimireife Verfolgungsjagd. Die Polizisten hatten über Funk Verstärkung angefordert und entsprechend stand auf der Bundesstraße ein Blaulichtwagen quer auf der Fahrbahn. Mit höchstem Risiko rasten die Flüchtenden vorbei. Kurz dahinter standen zwei weitere Polizeiwagen als Schikane versetzt, auch dieses Hindernis nahmen die beiden rücksichtslos. Bei Rot ging es mit ca. 130 Sachen über die Kreuzung. Es grenzte schon an ein Wunder, dass es nicht zu einem folgenschweren Crash gekommen war, sagten die Polizisten übereinstimmend vor Gericht aus. Norman K. und sein Komplize waren so der Polizei entkommen und es gelang ihnen noch, den Pkw abzustellen. Kurz danach wurden sie jedoch am S-Bahnhof aufgegriffen.

Die einschlägig vorbestraften Angeklagten waren erst wenige Wochen vor dem Geschilderten wieder auf freiem Fuß. Trotz der Verbüßung von längeren Haftstrafen sind sie sofort wieder rückfällig geworden. Unter Berücksichtigung dieser traurigen kriminellen Karrieren der Beschuldigten sprach der Jugendrichter das Urteil: Vier Jahre und neun Monate Freiheitsentzug für Norman K. und zwei Jahre und zwei Monate für Marcel F.. Anzumerken sei noch, dass das Diebesgut ohne wenn und aber von einem Auktionshaus von den jugendlichen Einbrechern angekauft wurde – das löste allgemeines Kopfschütteln im Gerichtssaal aus.

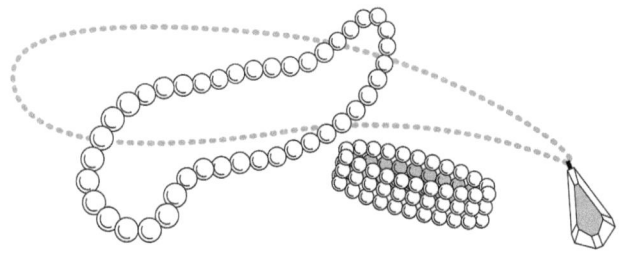

§§ BETRUG §§§§§§§§§§§§§§§§§§§§§§§§§§

Bequemes Leben auf Kosten anderer

Ein wenig erinnert Gerhard W. an den Hochstapler Felix Krull, nur mit dem Unterschied, dass der Thomas-Mann-Romanheld durch gespielte Ergebenheit und Wirrheit sein Ziel bei der Obrigkeit erreichte. Das gelang dem Angeklagten vor dem Schöffengericht nicht.

Der 25-Jährige war des mehrfachen Betruges, der Urkundenfälschung und des Fahrens ohne Fahrerlaubnis sowie der Nötigung beschuldigt. Er gab zu, bei einem Versandhaus unter falschem Namen eine Bomberjacke im Wert von 235 Euro erstanden zu haben, ferner Computertechnik für 250 Euro. Im gleichen Monat erschwindelte sich der Erwerbslose bei einem Bankinstitut eine Kreditkarte, die er dann reichlich nutzte. Dazu hatte er versucht, mit Hilfe eines gestohlenen Reisepasses einer Bekannten, von dem er Teile in seinen eigenen einarbeitete, sich eine neue Identität zu beschaffen. Auch das mehrfache Fahren ohne Fahrerlaubnis gestand er dem Gericht.

Dagegen stritt er den Vorwurf der Nötigung ab. Er sei nach Verbüßung einer längeren Jugendstrafe aus dem Gefängnis gekommen und habe Paul S. kennen gelernt und sich mit dem 60-Jährigen angefreundet. Diesen hatte er dann überredet, einen BMW für 30 000 Euro zu kaufen. Weshalb dieser Nobelwagen auf seinen Namen zugelassen wurde und das Auto nicht beim Besitzer stand, sondern bei ihm, dem Nichtfahrberechtigten, versuchte der junge Mann dem Gericht wortreich und redegewandt vergeblich zu begründen. Ähnlich sah es mit einem Fernsehgerät aus, das der ältere Freund ebenfalls gutgläubig gekauft hatte. Der Staatsanwalt, der geduldig die verworrenen Argumente des Angeklagten angehört hatte, brachte es dann trocken auf den Punkt: „Ich glaube Ihnen kein Wort".

Der Geschädigte betrat dann zitternd den Zeugenstand und war vor Aufregung nicht in der Lage auszusagen. Um den schwer herzkranken Mann zu schonen, beschloss das Gericht, die ihn betreffenden Anklagepunkte niederzuschlagen und ihn zu entlassen.

Der Staatsanwalt sagte in seinem Plädoyer, er glaube nicht an die vom Angeklagten angeführte Orientierungslosigkeit als Begründung für dessen Taten, sondern vielmehr an ein bequemes Leben auf Kosten anderer. Deshalb verlangte er für den einschlägig Vorbestraften ein Jahr und acht Monate Gefängnis. Selbst der Verteidiger hielt diesen Strafantrag für angemessen, dem die Richter mit ihrem Urteil ebenfalls folgten.

§§ BELEIDIGUNG §§§§§§§§§§§§§§§§§§§

Viele Vorstrafen

In Handschellen wurde Albert O. in den Gerichtssaal geführt. Er sitzt seit vorigem Jahr eine dreijährige Gefängnisstrafe wegen schwerer versuchter Brandstiftung ab. Obwohl er zuvor im gleichen Jahr seinen Einrückungsbefehl schon in der Tasche hatte und sich außerdem wegen einer anderen Strafsache in Bewährung befand, legte er sich in übelster Weise mit Polizisten an, beleidigte und bedrohte sie und leistete Widerstand bei seiner Festnahme. Dabei fanden die Beamten auch noch eine Gasdruckpistole, für die der 26-Jährige keinen Waffenschein besaß. So musste sich der Berliner wegen unerlaubten Waffenbesitzes, Beleidigung und Bedrohung von Vollstreckungsbeamten verantworten. Er erhielt zu seiner jetzigen Strafe deshalb ein Jahr hinzu.

An dem Tatabend habe er sich mit reichlich Alkohol und Drogen vollgepumpt – „das volle Programm"– wie sich der Angeklagte ausdrückte und lautstark gegrölt. Als deshalb Anwohner eine Funkstreife riefen, habe er sich hinter einem Einkaufswagen eines Rewe-Marktes versteckt. Die Polizisten befragten in diesem Zusammenhang seine Schwester, die mit ihm unterwegs war, da sei er ausge-

flippt und auf die Ordnungshüter losgegangen. Die Schimpfkano-
nade, die im Polizeiprotokoll festgehalten und von der Richterin verlesen wurde, soll hier aus Jugendschutzgründen nicht wiedergegeben
werden. „Scheißbullen und Hurensöhne" waren da beispielsweise
noch eher Schmeicheleien.

Der Polizist, der damals den Angeklagten mit festnahm erklärte, dass
er Albert O. schon länger kenne und die später festgestellten 1,82
Promille für dessen Ausrasten keine Erklärung sein können. „Der
hatte schon ganz andere Werte", sprach der Zeuge aus Erfahrung.
Auffällig waren ein trockener Mund und andere Anzeichen, die auf
zusätzlichen Drogenkonsum hinwiesen, erinnerte sich der Beamte.

Schwierig war dieser Fall für das Gericht eigentlich nur wegen des
Vorlebens des jungen Mannes. 23 Eintragungen im Vorstrafenregister standen zu Buche. Seit seiner Kindheit wuchs er in Heimen, bei
Pflegeeltern, in Kliniken, WGs und als er älter wurde, auch hinter
Gittern auf. Ein Familienleben kennt er nicht. Trotzdem hat er
Kontakt zu seiner Mutter und Schwester. Er hat aber ein Talent, das
auch jetzt im Gefängnis gefördert wird. „Ich male Wände an", sagte
er betont bescheiden. Sein Verteidiger legte Fotos dieser Malereien
vor, die Bewunderung und Anerkennung bei den Prozessbeteiligten
hervorriefen. Deshalb soll er im Rahmen eines offenen Vollzuges einen entsprechenden Malkursus in der Volkshochschule belegen und
weiter an einer Drogensuchtberatung teilnehmen, hieß es im Urteil.

§§KÖRPERVERLETZUNG§§§§§§§§§§

Keine Bewährung für Schläger

Torsten B. könnte man sich bei seiner Figur gut als Schwergewichts-
boxer vorstellen. Er benutzt auch seine Fäuste gern wie ein solcher,
nur mit dem Unterschied, dass er sich dabei nicht wie im Wettkampf
an faire Regeln hält. So müssen unterklassige junge Männer seiner

heimatlichen märkischen Kleinstadt auf der Hut sein, diesem Rambo bei schlechter Laune in die Quere zu kommen, zumal wenn er getrunken hat. Deshalb sitzt er schon fünf Monate in U-Haft. Leider begeben sich in den Windschatten solcher stadtbekannten Schläger nicht selten körperlich Schwächere, die sich dann auch etwas trauen. Auf Lothar Z. trifft das in diesem Fall zu.

Gegen beide wurde vor dem Jugendschöffengericht verhandelt. Mehrfache schwere Körperverletzung, Bedrohung und Beleidigung lautet die Anklage.

Der 20-jährige Torsten B. war gerade aus dem Knast wegen einschlägiger Delikte entlassen worden, jedoch wie dieser Prozess zeigte, ohne erzieherische Wirkung. So schlug er einen jungen Mann auf dem Stadtmarkt, weil der ihn mit seinem bezeichnenden Spitznamen „Haftie" angesprochen hatte. So dürfen ihn nur seine Freunde nennen, erklärte er dem Gericht, aus fremden Mündern dagegen sei das eine Beleidigung, die nicht ungestraft bliebe.

An einem anderen Abend klemmte er sich zwei Schüler, 16 und 14 Jahre alt, unter die muskulösen Arme, schleifte sie auf einen Hinterhof und stieß sie mit seinen Knieen zu Boden. Hier schlug er weiter auf die Opfer ein, schilderten die Jugendlichen als Zeugen den Richtern. Es kam allerdings sein Kumpan hinzu und hielt den stark betrunkenen Freund zurück. So konnten die beiden Verprügelten völlig verängstigt davonlaufen. Einen triftigen Grund für diese Tat konnte der Angeklagte nicht angeben.

Noch wesentlich brutaler ging es am frühen Abend des nächsten Tages zu. Hier suchten sie Volker D. auf, der in einer Wohngemeinschaft lebt. Ohne große Vorwarnung schlug diesmal Lothar Z. den Verdutzten mit der Faust ins Gesicht. Keine Heldentat des 25-Jährigen mit dem Kraftpaket hinter sich. Der streckte dann den noch Stehenden zu Boden und schlug mit einer Tapezierbürste, die er ihm zuvor entrissen hatte, auf den Kopf des nun Liegenden ein. Volker D. war beim Malern von den beiden überrascht worden. Das war nun selbst Lothar Z. zuviel und er versuchte, den Schläger zurückzuhalten. Der Überfallene musste mit dem Krankenwagen abtransportiert werden.

Immer wenn der Torsten was trinkt, raste der total aus, deshalb sei er auch nicht mehr mit ihm befreundet, sagte Lothar Z. aus.

Das Jugendschöffengericht verurteilte Torsten B. zu 2 Jahren und 9 Monaten Gefängnis. Überdies stellte es den Antrag, eine DNA-Analyse von dem Schläger zu verlangen, damit im Ernstfall für ihn entweder ein Schuld- oder auch Unschuldsbeweis vorliegt. Sein damaliger Kumpel erhielt 9 Monate, die zur Bewährung ausgesetzt werden, weil er sich freiwillig einer Alkoholtherapie unterzogen hat und seine Berufsausbildung beenden wird. Er ist offensichtlich auf dem richtigen Weg.

§§RECHTSRADIKAL§§§§§§§§§§§§§§

Fahnenschänder schnell verurteilt

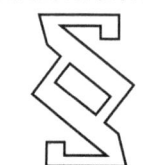

Noch blasser wurde der auf der Anklagebank des Amtsgerichtes sitzende junge Mann als er den Antrag der Staatsanwältin hörte: 90 Tagessätze zu 25 Euro, also 2 250 Euro verlangte sie für seine überschüssigen Kräfte, die er an einer Fahnenstange ausgelassen hatte. Der Richter beließ es dann bei einer Verwarnung und 1 000 Euro, wobei er Andreas G. nach dem milderen Jugendstrafrecht verurteilte.

Der jetzt in Berlin wohnende 20-Jährige hatte kurz nach Mitternacht am Rheinsberger Rathausplatz einen Fahnenmast umgeknickt, auf dem die Griechische Staatsflagge wehte. Zu der Zeit war die märkische Kleinstadt kultureller Mittelpunkt des alljährlich stattfindenden Festivals junger Opernsängerinnen- und sänger, die aus aller Welt kommen. Zu diesem internationalen musikalischen Ereignis schmückt sich die Stadt mit den Fahnen der Preisträger und zollt ihnen so ihre Anerkennung.

„Umso erbärmlicher ist es, wenn solche Hoheitszeichen geschändet werden, wie hier geschehen – sie verdienen unseren Respekt", brachte es die Staatsanwältin auf den Punkt. Und: „Besonders brisant ist es, dass die griechische Fahne auch blau-weiß gehalten sei wie die israelische". Diese war zuvor ebenfalls zerissen worden – „ist das Zufall oder gibt es einen ausländerfeindlichen Hintergrund"?, fragte die Anklägerin.

Der Angeklagte wies das weit von sich. Er habe 10 bis 15 Flaschen Bier aus Freude über das Wiedersehen mit seinen Kumpels getrunken. Durch seine Lehre zum Industriemechaniker in Berlin sieht er diese nur noch selten. An dem Abend war er bei Freunden, die direkt gegenüber dem Rheinsberger Schloss wohnen. Als er schwer betrunken mit dem Hund der Besuchten hinausging, muss es dann passiert sein, sagte Andreas G. aus. Er könne sich aber an nichts erinnern. Erst als man ihm das Video einer Überwachungskamera bei der Polizei zeigte, gestand er reumütig die Tat.

An dieser Stelle des beschleunigten Verfahrens gab die Staatsanwältin den rechtlichen Hinweis, dass es auch ein Urteil wegen fahrlässigen Vollrausches geben kann, denn eine vorsätzlich politisch motivierte Sachbeschädigung sei dem bisher nicht vorbestraften Angeklagten kaum anzulasten. Dem schloss sich das Gericht an, verurteilte aber den knapp 20-Jährigen noch nach Jugendstrafrecht. Das hatte zuvor die Vertreterin der Jugendgerichtshilfe für den so genannten Heranwachsenden empfohlen, die Staatsanwältin aber abgelehnt. „Ich wollte niemanden beleidigen – war blöd – tut mir leid", waren die letzten Worte des Angeklagten, der diesen Urlaub bei seinen Verwandten in der Nähe von Rheinsberg wahrscheinlich in unguter Erinnerung behalten wird.

Urkundenfälschung aus Scham

Die Verhandlung gegen Karin S. mutete wie ein Drehbuch für ein Sozialdrama an. Die Mutter zweier Kinder hatte sich bei einem Pharmaunternehmen in ihrer Heimatstadt beworben. Da sie lange keine Antwort bekam, hatte sie große Hoffnung, dort als gelernte Bürokauffrau angenommen zu werden. Um so größer die Enttäuschung über die Ablehnung. Aus Scham darüber erzählte sie zu Hause, sie habe den Job erhalten. Zum Schein ging die 31-Jährige täglich für 4 Stunden zur Arbeit aus dem Haus. Weil sie so oft und begeistert von ihrer neuen Arbeit erzählte, baten sie immer wieder Freunde und Verwandte um ihre Fürsprache für eine Anstellung in „ihrem" Betrieb. So nahm sie unter anderem Bewerbungen für ihren Schwager und ihre Nichten an und beantwortete diese mit Unterschriften von Personalleitern und Geschäftsführern.

Die ganze Angelegenheit spielte sich über zwei Jahre ab. Insgesamt waren es 66 Briefe. Einladungen zu Vorstellungsgesprächen und dann wieder Schreiben, in denen die Termine verschoben wurden, Antwortschreiben auf Bewerbungen usw.. Dabei verwendete Karin S. immer die Unterschriften hochrangiger Angestellter und die Kopfbögen des Betriebes. Den Briefkopf mit dem Firmenlogo hatte sie sich aus ihrem Absageschreiben abkopiert.

Materiell wurde zwar niemand geschädigt, der ideelle Schaden, den sie mit ihrem Verhalten bei Verwandten und Freunden anrichtete, war aber immens. Eine finanzielle Einbuße dagegen hatte ein Bekannter der Angeklagten. Der Versicherungsmakler bat sie, bei der Betriebsleitung nachzufragen, ob ein Interesse an Rentenversicherungen bestünde. In der Erwartung eines guten Geschäfts zahlte er 8 700 Euro als Kredit an die Angeklagte. Bis heute sind davon 7 900 Euro noch offen.

Dieses ganze Lügengeflecht flog durch die direkte Nachfrage eines Bewerbers in der Personalabteilung des Betriebes auf. Karin S. legte daraufhin bei der polizeilichen Vernehmung ein volles Geständnis ab, welches sie bei der Hauptverhandlung wiederholte. Sie bat unter Tränen um eine milde Bestrafung. Wegen Urkundenfälschung in 66 Fällen verurteilte das Gericht die Frau zu zwei Jahren Freiheitsstrafe, die zur Bewährung ausgesetzt wurden.

§§ FREISPRUCH §§§§§§§§§§§§§§§§§§

Das schöne Geld schmolz dahin

Wie der Schnee von gestern war das Vermögen der Eheleute M. zusammengeschmolzen. Sie hatten 1999 einem Anlageberater gutgläubig 45 000 DM in die Hand gegeben. In der Hoffnung, vom damals boomenden Finanzmarkt ein ordentliches Stück abzubekommen, vertrauten sie Rolf B. das Geld an. Von diesem Geld waren 2006 ganze 3 772 Euro übrig geblieben. Besonders peinlich für die Anleger ist auch die Tatsache, dass es sich dabei um das Geld ihrer Eltern handelte. Anfänglich liefen die Geschäfte gut, so dass sie im Jahr 2000 eine Rendite von 10 000 DM vom Makler ausgezahlt bekamen.

Dann kam der tragische 11. September 2001, an dem nicht nur die Türme des Worldtradecenters einstürzten, sondern nachfolgend auch die Börsenkurse zusammenbrachen. In Erwartung auf eine Finanzmarkterholung beließ das Ehepaar das Anlagekapital im Depot, das von Rolf B. empfohlen worden war. Sie verließen sich dabei auf eine im entsprechenden Vertrag vereinbarte Unverlierbarkeitsklausel. Da aber in den folgenden Jahren die Finanzkrise sich global immer weiter verschärfte, verlangten Margot und Roland M. ihr Geld zurück – und zwar die gesamte Summe von nun umgerechnet 23 000 Euro. Der 55-jährige Finanzberater war dazu nicht in der

Lage und bot den tatsächlich verbliebenen Rest von 3 772 Euro an. Daraufhin erstatteten die Berliner wegen Untreue Strafanzeige, und deshalb wurde vor dem Amtsgericht verhandelt. Zuvor gab es allerdings in dieser Sache schon ein Zivilrechtsverfahren in Berlin mit einem Urteil. Darin heißt es: Rolf B. muss aufgrund der Garantieklausel im Vertrag alles zahlen. Zahlen, aber wovon? Es war beim Beschuldigten kein Geld vorhanden. Auch der Gerichtsvollzieher konnte nichts pfänden, sagte der geschädigte Roland M. als Zeuge aus. Selbst eine von ihm engagierte Inkassofirma brachte keinen Erfolg. Nach langem Streit und schriftlichen Auseinandersetzungen zwischen den Anwälten der beiden Parteien habe er sich auf einen Vergleich eingelassen. 14 500 Euro sollten nun gezahlt werden. Dieser Betrag sei dann auch „geflossen". Die Frage des Richters, ob ihm vom Angeklagten damals die Restsumme von 3 772 Euro angeboten worden war, bejahte der Zeuge. Die Klage bezog sich aber genau auf die Veruntreuung dieser Summe. „Sie hätten besser dieses Geld trotz der Ablehnung durch den Kläger zahlen sollen", wandte sich der Vorsitzende an Rolf B.. „Das sehe ich heute auch so", antwortete der Angeklagte, „aber die wollten das ja nicht annehmen".

Das Gericht kam nach der Beweisaufnahme zu der Überzeugung, dass der Angeklagte das Geld nicht veruntreut hat und sprach ihn frei.

§§DROGEN§§§§§§§§§§§§§§§§§§§§§§§

Papas kleine Cannabiszucht

Durch einen anonymen Brief kamen die Drogenfahnder Heinz D. auf die Schliche. Am frühen Morgen schnappte die Falle zu. Eine Spezialeinsatzgruppe drang in das Einfamilienhaus ein, in dem der Angeklagte und seine Ehefrau noch schliefen. Drei dieser Beamten sagten übereinstimmend Folgendes aus:

Beim Betreten des Hauses sei ihnen penetranter Cannabisgeruch in die Nase gestiegen. Heinz D. habe dann, nachdem ihm der Grund des Durchsuchungsbefehls genannt worden war, sofort kooperativ zugegeben, Cannabispflanzen auf dem Dachboden zu züchten.

Einer der Zeugen konnte sich erinnern, dass der Angeklagte in seinem ersten Schreck gesagt habe: „Das Zeug da oben reicht für vier Jahre". Die Polizisten staunten nicht schlecht über die komplette Aufzuchtanlage mit einem Bestand von 195 Planzen. Das entspricht hochgerechnet einem THC-Anteil (Tetrahydrocannabinol) von 77,75 Gramm, mehr als das Zehnfache des vom Bundesgerichtshof festgelegten Grenzwertes von 7,5 Gramm. Ist dieses Limit überschritten, spricht der Gesetzgeber von einer nicht geringen Menge und einem zu bestrafenden Verbrechen.

Überdies wurden im Keller des Hauses getrocknete Cannabisblüten sichergestellt, die zusammen mit den Pflanzen einen THC-Gehalt von 111,12 Gramm ergaben.

Der 50-Jährige saß nun wegen unerlaubten Besitzes und Handels mit Betäubungsmitteln in nicht geringer Menge auf der Anklagebank und sagte zur Sache nicht aus. Aus den Äußerungen seines Verteidigers war unschwer zu entnehmen, dass er einen Handel seines Mandanten mit Drogen bestreitet.

Von diesem Punkt hängt schließlich entscheidend die Höhe der Strafe ab. Demnach soll die exotische Dachbodenplantage ausschließlich für den Eigenbedarf vom Angeklagten angelegt worden sein – vornehmlich für seine halbwüchsigen Kinder. Die bekämen dann wenigstens sauberes „Gras", so ähnlich habe das damals ihm gegenüber der Beschuldigte auch geäußert, bestätigte einer der Polizisten.

Dieses kuriose Motiv überzeugte die Staatsanwältin und die Richter nicht. Wer solche Mengen anbaut, will damit Gewinn erzielen, waren sie sich einig. Allerdings konnten sie dem Angeklagten nicht nachweisen, ein Dealer zu sein.

Das Schöffengericht verurteilte Heinz D. wegen des Verstoßes gegen das Betäubungsmittelgesetz zu eineinhalb Jahren Freiheitsstrafe. Er erhielt Bewährung, weil er bisher nicht vorbestraft war. Es wird ihm ein Bewährungshelfer an die Seite gegeben und er muss 1 000 Euro an die Staatskasse zahlen, hieß es weiter im Urteil.

FAHRLÄSSIGE TÖTUNG

Nur ein Seil trug die schwere Last

Es war der Tag der Sachverständigen im Prozeß gegen einen Matrosen und den Käpitän des Kreuzfahrtschiffes „Swiss Coral". Beide sind wegen fahrlässiger Tötung und schwerer Körperverletzung angeklagt. Sie äußerten sich nicht zu dem Tatvorwurf. Die Schuldfrage musste durch Indizien und Sachverständige geklärt werden.

Der 77-jährige Franz Graf von L. begann in Begleitung seiner Gattin, Söhne, Töchter und Schwiegersöhne ab Berlin-Tegel eine Flusskreuzfahrt mit Ziel Insel Rügen. Am Abend des ersten Tages auf dem Oder-Havel-Kanal klappte urplötzlich das tonnenschwere Sonnendach herunter, unter dem der alte Herr mit seiner Tochter und dem Schwiegersohn saß. Der Graf war sofort tot, die Tochter und ihr Mann wurden schwer verletzt – sie ist seitdem querschnittsgelähmt. Das Gericht musste klären, ob menschliches oder technisches Versagen zu dem tragischen Unfall führten. Eine große Hilfe dazu waren die Aussagen des Hauptkommissars der Wasserschutzpolizei und des Sachverständigen Käpitän, Willi Weiss.

Anhand eines Videos, auf dem die Untersuchungen der Polizei an Bord des Schiffes festgehalten wurden, konnten die Prozessbeteiligten sich ein genaues Bild von dem Sonnendach und dessen Halterung machen. Auch die vier Drahtseile mit den Spannschlössern wurden im Gerichtssaal auf dem Boden ausgelegt. Das Verdeck, das im aufgerichteten Zustand auf acht beweglichen Stützen steht, wird mit einer Winde aus dem Steuerhaus mit einem Drahtseil in Fahrtrichtung hochgezogen. Damit diese Konstruktion nicht umkippt, wird sie mit jeweils zwei Seilen backbords und steuerbords kreuzweise arretiert. Diese Seile werden mit Spannschlössern hart gemacht, wie der Sachverständige es ausdrückte. In Fahrtrichtung vermeiden angeschweißte Gegenhalter ein Umkippen.

Zwei Hauptfehler waren nun nach Meinung des Experten maßgebend:

Einmal, dass nur die Steuerbordseite verspannt war, also die gesamte Dachlast nur an einem Seil hing und dessen Spannschloss nicht ordnungsgemäß mit der Kontermutter gesichert war. Dieses Schloss kann sich beispielsweise durch Motorvibration gelöst haben.

Zum anderen, dass das Zugseil aus dem Steuerhaus nicht mehr festgezurrt war. Dies hätte das Unglück verhüten können. Auch der zweite Sachverständige von der DEKRA bestätigte: Wenn alles richtig gehandhabt worden wäre, wäre nichts passiert.

Der Kreuzfahrtdirektor, der während des Unfalls unter Deck war, aber sofort nach oben stürzte und den Verunglückten erste Hilfe leistete, bestätigte als Zeuge, dass weder das Zugseil festgezurrt, noch die zweite Seite des Sonnendaches verspannt waren.

Daraus schlussfolgerte das Gericht menschliches Versagen des Matrosen. Dem 50-jährigen Kapitän warfen die Richter vor, vor dem Lösen des Zugseiles nicht die Seitenverspannungen überprüft zu haben. Er hätte sich nicht blindlings auf seinen Steuermann und den Matrosen verlassen dürfen. Er wurde zu sechs Monaten Freiheitsstrafe auf Bewährung verurteilt – gleichermaßen sein Matrose. Infolge dieses Prozesses wurde auch Anklage gegen den Steuermann erhoben. Er erhielt ebenfalls eine Bewährungsstrafe in einem späteren Verfahren an gleicher Stelle.

§§ RECHTSRADIKAL §§§§§§§§§§§§§§

Ausländerin verprügelt

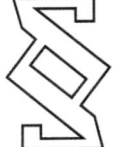

„Ihr traut euch ja nur an Frauen ran!" Diese Worte rief der Berliner Tischler Helmut S. einer Gruppe junger Männer zu, von denen Marcel M. kurz zuvor eine Vietnamesin ins Gesicht geschlagen hatte. Das geschah abends im Fußgängertunnel eines S-Bahnhofes.

Wegen Beleidigung und Körperverletzung erhielt der einschlägig vorbestrafte Schläger 10 Monate Jugendstrafe. Der Angeklagte war nach Verbüßung einer über zweijährigen Haftstrafe gerade erst wieder auf freiem Fuß, was ihn nicht abhielt, seine rechte, ausländerfeindliche Grundhaltung in der Gruppe mit dieser Tat zu beweisen. „Unverbesserlich", so das übereinstimmende Urteil des Staatsanwaltes und der Richter und deshalb keine Bewährung mehr. Allerdings folgte das Jugendschöffengericht der Empfehlung der Jugendgerichtshilfe, wegen erheblicher Reifeverzögerung des fast 21-Jährigen noch einmal das mildere Jugendstrafrecht anzuwenden.

Am Tatabend begab sich die für die rechte Szene typisch gekleidete Gruppe zum Bahnhof. Im Tunnel stand die zierliche Vietnamesin, die ihren Freund zum Zug gebracht hatte. Marcel M. löste sich aus der sechs Mann starken Gruppe und trat gegen das Fahrrad der jungen Ausländerin. „Was soll das, du Blödmann", entfuhr es der jungen Frau, worauf der Angreifer zuschlug. Starkes Nasenbluten und eine Schädelprellung waren die Folge. Sie ging zu Boden und hatte furchtbare Angst, sagte sie als Zeugin. Dass nicht mehr passierte, ist sicher dem resoluten Auftreten des Berliner Ehepaares S. zu verdanken. Die beiden 50-Jährigen kümmerten sich um die Verletzte und holten Hilfe. Ein junger Mann rief per Handy die Polizei. Er bekam offensichtlich auch noch einen Schlag dabei ab.

Der Angeklagte gab das so von den Zeugen geschilderte damalige Geschehen zu. Er selbst wollte sich nicht so genau erinnern. Er sei stark betrunken gewesen, was die Blutprobe von 2,41 Promille zwei Stunden nach der Tat belegt. Deshalb gestand der Staatsanwalt in seinem Plädoyer dem Angeklagten eine verminderte Schuldfähigkeit zu. Auch seine Geständigkeit hielt er ihm zugute. Dass der Angriff auf die Vietnamesin Zufall war, nahm der Ankläger ihm nicht ab.

Es hätte auch jeden anderen an dieser Stelle treffen können, sei eine reine Schutzbehauptung des jungen Mannes, so seine Meinung. Bei fast allen Vorstrafen spielte die Verwendung von verfassungsfeindlichen Kennzeichen und gewaltbereites Verhalten gegen Randgruppen eine Rolle.

Vor solchen Unverbesserlichen muss die Gesellschaft sich schützen, sie müssen „weggesperrt" werden, schloss der Staatsanwalt seinen Vortrag. Dem folgte das Gericht mit seinem Urteil.

Kriminalisten zu Unrecht beschuldigt

Wegen des Besitzes von verbotenen Kinderpornos wurde Paul V. zu 1 500 Euro Geldstrafe vom Amtsgericht verurteilt. Nur zwei Wochen nach diesem Urteil erstattete er in diesem Zusammenhang Anzeige gegen den damals ermittelnden Polizisten. Er bezichtigte kurioserweise diesen, solche Straftaten verfolgenden Kriminalbeamten, der Verbreitung von pädophilen Videos. Nach Überprüfung durch dessen Vorgesetzte erwies sich diese Beschuldigung als total haltlos und deshalb musste sich der damals Verurteilte wegen falscher Verdächtigung eines Behördenmitarbeiters wieder vor Gericht verantworten.

Zu dem eingangs erwähnten Prozess gegen Paul V. kam es durch die polizeiliche Überwachung eines Anbieters von kinderpornografischen Videos über Chiffreanzeigen in entsprechenden Zeitschriften. Als man diesen Übeltäter festnahm, führte die Spur auch zu dem Angeklagten. Er hatte sich brieflich für diese schmutzigen Pornos interessiert und auch für eines 75 Euro im Voraus bezahlt. In einem weiteren Schreiben mahnte er die immer noch fehlende Lieferung an – er ahnte nicht, dass er einem Betrüger auf den Leim gegangen war, der gar nicht im Besitz der gewünschten „Schweinereien" war.

Bei einer Wohnungsdurchsuchung fand man bei Paul V. jede Menge dieser verbotenen Videos. Auf Grund dessen wurde er als Beschuldigter ins Polizeipräsidium vorgeladen, vom zuständigen Beamten verhört und daraufhin angeklagt und verurteilt.

Schwer ist nun nachzuvollziehen, was den übergewichtigen Mann dazu bewog, den ihn damals vernehmenden Beamten anzuzeigen. Die Begründung: Der hätte ihn bei der Vernehmung für 10 Minuten allein im Büro gelassen, in dem in einem Regal Pornos der übelsten Sorte lagerten. Die Titelbilder und Überschriften musste er so ungewollt ansehen. Er sei noch heute total geschockt von diesen üblen Erzeugnissen und leide immer noch seelisch darunter. Es handelte sich hierbei ausnahmlos um beschlagnahmte Filme, bezeugte der Beamte. Die Staatsanwältin und der Richter hatten für diese Übersensibilität des sonst so pornobegeisterten Angeklagten kein Verständnis und erhöhten die Strafe unter Einbeziehung des alten Urteils auf 130 Tagessätze, also 1 950 Euro. Für den Arbeitslosen, nach eigenen Angaben ohne Einkommen, eine Menge Geld.

§§ EINBRUCH §§§§§§§§§§§§§§§§§§§

Das kleine Paradies zerstört

Ein Jahr wird Peter B. hinter Gittern verbringen müssen. Wegen mehrfachen Einbruchdiebstahls, Sachbeschädigung und Hausfriedensbruchs musste sich der 19-Jährige vor dem Jugendschöffengericht verantworten. Reglos und ohne Reue zu zeigen hörte sich der Angeklagte den Richterspruch an. Er hatte zuvor ein volles Geständnis abgelegt und dadurch eine aufwändige Beweisaufnahme vermieden. Insgesamt hatte er sich zu acht Anklagepunkten schuldig bekannt.

Dabei ging es hauptsächlich um die Einbruchsserie in den Bungalow der Eheleute Z.. Innerhalb eines Vierteljahres wurde bei ihnen zehnmal eingebrochen. Beim ersten Mal wurde das Fenster von dem Jugendlichen eingeschlagen, Grillfleisch und Bier von ihm aus dem Kühlschrank genommen und verzehrt. Danach landete der Grill im von den Besitzern liebevoll angelegten Goldfischteich. Außerdem auch Schneckengift, das der Angeklagte in der von ihm aufgehebelten Garage gefunden hatte. Die Goldfische verendeten daran. Ferner ließ er ein Radio und 5 Angelruten mitgehen.

„Mit grenzenloser Frechheit und Dreistigkeit", wie der Richter es in seiner Urteilsbegründung bezeichnete, kehrte Peter B. noch mehr-

mals an anderen Tagen zum Tatort zurück. Auch von einem polizeilichen Hausverbot ließ er sich nicht abschrecken. Im Gegenteil, mit
großen schwarzen, beleidigenden Lettern an den Innenwänden des
Bungalows verhöhnte er die Beamten.

Erst nach seiner Verhaftung kehrte bei dem Rentnerpaar wieder
Ruhe ein. Unverständlich blieb für sie, dass der Verdächtige von der
Justiz mehrmals wieder auf freien Fuß gesetzt worden war. Sehr ein-
drucksvoll schilderte Heinz Z. diesen von ihm und seiner Frau
durchlebten Alptraum. „Ich habe mich bemüht, in mehr als 20 Jahren einen schönen Garten zu schaffen, aber nicht eine Festung",
sagte der 84-Jährige. Und weiter, dieses Grundstück war für uns und
unsere Freunde unser kleines Paradies. Diese Lebenqualität hat der
Angeklagte zerstört. Ob sie heute noch einmal die Kraft für einen
Neuaufbau hätten, wisse er nicht. Besonders habe ihn auch das sinn-
lose Zerstören von Lebensmittelvorräten im Bungalow durch den
Angeklagten gekränkt. Er wisse aus fünf Jahren Kriegsgefangen-
schaft, was Hunger ist, schüttelte der alte Mann seinen Kopf.

Diese Aussagen empfand der Angeklagte als „theatralisch". Er gestand weitere vier Ladendiebstähle ein. Den geklauten Schnaps wollte er verkaufen, gab der Angeklagte zu. Er hätte sich die letzten Jahre
genauso durchgeschlagen. „Zum Arbeiten sei er nicht geboren", so
ein Ausspruch von ihm. Auf die Frage, wie er sich denn seine Zukunft vorstelle, kam als Antwort: er würde solange wie möglich von
Hartz IV leben wollen. Bei solch einer Einstellung dachte das Gericht über eine eventuelle Bewährung gar nicht erst nach.

Dubioser Überfall

Gegen Mitternacht tauchte Gernot T. überraschend mit einem 30 Meter langen Rasenmäherverlängerungskabel im Wohnzimmer von Peter S. auf und würgte diesen damit. Daraufhin gab der verängstigte Rentner dem Angreifer 370 Euro, der damit verschwand. Diese Story erzählte Peter S. dem Schöffengericht, seinerzeit hatte er sie auch in seinem Heimatdorf so zum Besten gegeben. Der nun deshalb angeklagte Gernot T. erfuhr davon in seiner Stammkneipe. Empört über diese Lüge stürzte er zum Haus des 62-Jährigen und verabreichte dem eine Ohrfeige. Diese Körperverletzung gab der 32-Jährige vor Gericht unumwunden zu.

Den schweren Raub bestritt er dagegen vehement. Er sei in besagter Nacht mit seinem Vater im Taxi nach Berlin gefahren, wo sie bis gegen 3 Uhr morgens in einer Pankower Kneipe Skat gespielt hätten. Der Taxifahrer könne dies bestätigen. Peter S., den er schon seit seiner Kindheit kennt, wäre nur nüchtern ein verträglicher Mensch, unter Alkohol aber ausfallend und verleumderisch. Das bestätigte auch die Dorfgaststättenwirtin, bei der Peter S. deshalb Hausverbot hat. Der hatte bei seiner Zeugenaussage sichtliche Mühe, der Verhandlung zu folgen und auf die Frage des Staatsanwaltes, ob getrunken habe, gab er zwei Bier und einen „Flachmann" Schnaps zu. Alle Prozessbeteiligten konnten dann eine Atemalkoholkontrolle, der er sich freiwillig auf Bitte des Staatsanwaltes unterzog, live im Gerichtssaal miterleben. Ergebnis: 1,74 Promille. Nun droht ihm deshalb ein Ordnungsgeld von 100 Euro wegen Missachtung des Gerichts. Zusehends verwickelte sich der Zeuge in Widersprüche. Weshalb er erst vier Tage nach der Tat Anzeige erstattete, warum er ebensolange das bereits erwähnte Kabel in seinem Bad als Knäuel liegengelassen habe und ob die Verletzungen in seinem Gesicht nicht auch von einem Sturz mit dem Fahrrad herrühren könnten – all das blieb offen. Auf den ernsten Vorhalt des Staatsanwaltes, dass für Gernot T. unter Umständen fünf Jahre Knast herauskommen könnten, wenn es bei der Anklage bliebe, reagierte der Kläger äußerst betroffen. Er wolle nicht, dass dem Jungen die Freiheit genommen werde, zumal er auch dessen Vater gut kenne.

Der Staatsanwalt sagte daraufhin in seinem Plädoyer, dass die Beweisaufnahme die Anklage nicht klären konnte. Es stehe letztendlich Aussage gegen Aussage. Er hätte starke Zweifel an der Glaubwürdigkeit des Zeugen, und somit gelte „in dubio pro reo" (im Zweifel für den Angeklagten) – also: Freispruch. Wegen der Ohrfeige hält er dagegen eine Geldstrafe von 500 Euro für angemessen. Das Urteil war gleichlautend, wobei die Richterin in ihrer Begründung die starken Zweifel an der Täterschaft von Gernot T. bekräftigte.

§§ BETRUG §§§§§§§§§§§§§§§§§§§§§§§§§

Mit Schlägen zum Betrug getrieben

Zu einem Jahr Jugendstrafe wurde die 21-jährige Bettina P. vom Jugendschöffengericht verurteilt. Durch ihr reumütiges Geständnis war es erwiesen, dass die junge Frau ihre Tätigkeit als Angestellte einer Postagentur missbraucht und zwischen 15 000 und 20 000 Euro veruntreut hatte. Die Anklageschrift beinhaltete 25 Betrugshandlungen, die teilweise durch ihren damaligen Lebensgefährten ausgeführt wurden. Der wird deshalb mit Haftbefehl gesucht.

Bettina P. feierte ihren 19. Geburtstag und lernte auf ihrer Party einen Berliner kennen, in den sie sich verliebte. Der angeblich selbständige Unternehmer zog wenig später zu ihr aufs Dorf. Das junge Glück zerbrach schnell. Die Auftragslage sei schlecht und deshalb könne er sich nicht finanziell am gemeinsamen Haushalt beteiligen. Im Gegenteil, er forderte Geld von seiner Freundin. Schließlich redete er der frischgebackenen Bürokauffrau ein, über die ihr anvertraute Postagentur Geld zu beschaffen. Um seinem Ansinnen Nachdruck zu verleihen, schlug er die Frau und drohte massiv, auch vor ihren Familienangehörigen nicht Halt zu machen. Völlig eingeschüchtert und in der Hoffnung, ihren ehemals Geliebten loszuwerden, suchte sie mit dem ihr anvertrauten Postcomputer einen liquiden Kontoinhaber und stellte auf dessen Personalien ein Postsparbuch aus – die Blankobücher hatte sie in der Agentur. Mit diesem hob sie in einer anderen Postfiliale 3 000 Euro problemlos ab. Ihr Peiniger dachte nach diesem gelungenen Coup nicht im Traum daran, seine Geldquelle aufzugeben und drängte sie zu neuen Zahlungen. So schilderte die Angeklagte unter Tränen ihre für sie damals hoffnungslose Situation dem Gericht. Nachweislich wechselten in einem Vierteljahr so 20 000 Euro den Besitzer. Und dies sei sicherlich nur die Spitze des Eisberges, betonte die Vorsitzende Richterin. Der Höhepunkt des Betruges war, als der Exfreund 20 000 Euro von einem Duisburger Konto abhob und sich absetzte.

Da die Angeklagte bisher unbescholten durchs Leben gegangen war und ihre Naivität skrupellos durch einen Mann ausgenutzt wurde, hielten der Staatsanwalt und die Richter ein Jahr Jugendfreiheitsstrafe für ausreichend und gewährten die Aussetzung dieser Strafe, zumal die junge Mutter eines vier Monate alten Babys den finanziellen Verlust der Post erstatten muss.

§§ TIERQUÄLEREI §§§§§§§§§§§§§

Kater Peter erlitt unvorstellbare Qualen

Wegen Verstoßes gegen das Tierschutzgesetz erhielt ein Rentner einen Strafbefehl in Höhe von 800 Euro. Der 68-Jährige hatte auf seinem Grundstück ein Fangeisen gelegt, in dem sich der Kater seines Nachbarn verfing. Die Tierärztin, die das geschundene Tier danach behandelte, erstattete Anzeige. Der Mann fühlte sich zu Unrecht bestraft, weil er der Meinung war, dass er zum Schutz seines Anwesens und seiner Haustiere die Falle habe aufstellen dürfen. Er züchtet Tauben. So legte Erich T. Einspruch ein und es kam zur Verhandlung.

Er habe nichts gegen Katzen, erklärte der Angeklagte. Das Tellereisen habe er einzig wegen der Wasserratten gestellt, die immer im beginnenden Winter mit steigendem Hochwasser sein Grundstück heimsuchten. Statt einer Wasserratte verfing sich aber Kater Peter in der Falle auf einem Komposthaufen und wurde von seinem Besitzer erst nach Stunden daraus befreit.

„Die Schmerzen und Qualen des Tieres müssen unvorstellbar gewesen sein", hieß es im Bericht der Tierärztin. Es sei mit einer ständigen Lähmung der Vorderpfote des Graugetigerten zu rechnen. Erich T. beteuerte, dass ihm das ja leid tue, aber er nicht gewusst habe, dass er auf seinem eigenen Grund und Boden das Schlageisen nicht hätte aufstellen dürfen. Er sei kein Tierquäler – im Gegenteil, er unterstütze finanziell sogar einen internationalen Tierschutzbund. Jetzt wisse er zwar, dass er einen Fehler begangen habe, aber nicht vorsätzlich, sondern aus Unwissenheit. In Bayern beispielsweise sei das Fallenstellen erlaubt, habe er sich kundig gemacht – was die Staatsanwältin bezweifelte. Sie sagte, dass auch dort das gleiche Tierschutzgesetz gilt und das Fangen von Wirbeltieren mit Schlageisen generell verboten ist – auch von Ratten. Wenn der Angeklagte seine Zuchttauben schützen will, dann muss er das mit anderen Mitteln tun, fügte der Vorsitzende hinzu. Der Rentner hatte beklagt, dass schon mehrere seiner Tauben wildernden Katzen zum Opfer gefallen seien. Der Richter legte dem Angeklagten nahe, den Strafbefehl zu akzeptieren, denn nachdem Erich T. seine Rentenhöhe genannt hatte, müsste das Gericht sogar eine höhere Geldstrafe festlegen – dann wären es nicht nur 800 Euro, sondern 1200 Euro. An der Schuld gäbe es keinen Zweifel. Zähneknirschend nahm der Beschuldigte an. „Unter Zurückstellung meiner nicht unerheblichen Bedenken", stimmte die Staatsanwältin diesem großzügigen Angebot des Vorsitzenden widerstrebend zu.

Die gute Nachricht: Kater Peter springt inzwischen wieder munter umher.

Meineid ist kein Kavaliersdelikt

Einen Bärendienst erwies sich die bisher unbescholtene Bärbel B., die vor dem Amtsgericht eine vorsätzliche Falschaussage leistete. Ihrem Lebenspartner zuliebe, der wegen Fahrens ohne Fahrerlaubnis vor Gericht stand, beschwor sie sogar ihre Worte. Deshalb saß die 48-Jährige ein Jahr später selbst auf der Anklagebank. Der Vorwurf gegen sie lautete: Meineid.

Das ist kein Kavaliersdelikt, sondern ein Verbrechen – so sieht es der Gesetzgeber und droht entsprechend harte Strafen an. Wer wissentlich im Zeugenstand lügt, um damit Angeklagte vermeintlich zu schützen oder Straftaten dadurch zu vertuschen beziehungsweise deren Aufklärung zu verhindern, kann dafür mit Gefängnis von einem Jahr bis zu fünf Jahren bestraft werden. Das musste nun auch die Angeklagte erfahren. Ein Jahr Freiheitsentzug, also die Mindeststrafe, lautete das Urteil gegen die bisher nicht vorbestrafte Verkäuferin. Sie muss aufgrund ihres bisher untadeligen Lebenswandels die Strafe nicht absitzen, sondern bekommt sie für zwei Jahre zur Bewährung ausgesetzt. Dass sie damals die Unwahrheit gesagt hatte, gab die Angeklagte reumütig zu. Dies rechneten die Richter und der Staatsanwalt der Frau hoch an. Warum jedoch brachte sich die Angeklagte in solch eine verhängnisvolle Lage?

Gegen ihren Lebenspartner hatte die Polizei Ermittlungen wegen Fahrens ohne Fahrerlaubnis geführt. Als Beamte ihn zu Hause aufsuchten, parkte der vor ihren Augen seinen VW-Passat ein und kam mit dem Zündschlüssel in der Hand auf die Ordnungshüter zu. Eine eindeutige Situation. Bei der schon erwähnten Gerichtsverhandlung gegen ihren Freund sagte Bärbel B. damals zum Erstaunen des Gerichtes und der Streifenpolizisten, die ebenfalls als Zeugen erschienen waren, aus, sie sei an besagtem Tag und Stunde mit dem Auto gefahren. Unverständlich, dass sie trotz Androhung einer Vereidigung bei ihrer Falschaussage blieb. Der Rest der Geschichte ist bekannt.

Für den Prozessbeobachter stellt sich jedoch die Frage, ob es überhaupt erst soweit kommen musste. Offensichtlich war, dass die Frau unter Druck stand und ihrem Partner helfen wollte. Somit musste für das Gericht klar gewesen sein, dass die Zeugin ins offene Messer lief. Eine Falschaussage ist selbstverständlich strafbar, aber ohne Schwur wäre die Angeklagte wesentlich glimpflicher davongekommen.

Übrigens war ihr Freund, für den sie ihren Kopf hingehalten hatte, damals mit einer Geldstrafe davongekommen.

§§ VERKEHR §§§§§§§§§§§§§§§§§§§§§§§§

Haarsträubende Räuberpistole

Keinen Glauben schenkte das Gericht den Ausreden des Angeklagten, der sich wegen Fahrens ohne Fahrerlaubnis und Verstoßes gegen das Pflichtversicherungsgesetz verantworten musste. Er wurde zu 8 Monaten Gefängnis verurteilt. Dazu kommen noch weitere 6 Monate, die der 25-Jährige wegen anderer Delikte im Vorjahr erhalten hatte. Das halbe Jahr war damals zur Bewährung ausgesetzt worden – in der gestrigen Verhandlung wurde diese nun aber widerrufen. Wer so leichtfertig seine Chancen verspielt, uneinsichtig haarsträubende Geschichten erzählt, muss spürbar bestraft werden, sagte der Richter in seiner Urteilsbegründung.

Der Grund, weshalb Herbert R. über ein Jahr in den Knast geht, ist unspektakulär. Der junge Mann wurde an einer Tankstelle gesehen, als er mit seinem Motorrad davon fuhr. Das Krad trug kein Nummernschild. Es war nicht versichert und der Angeklagte besaß keinen Führerschein, wie sich später herausstellte. Pech für den Angeklagten, dass ihn ein Kriminaloberkommissar aus der Region beobachtete. Der Beamte saß in seinem PKW und wollte tanken. Er kenne den Verkehrssünder von seiner Arbeit her aus vielen anderen Fällen genau, sagte der 50-Jährige als Zeuge aus – eine Verwechslung sei ausgeschlossen. Herbert R. hatte dazu geäußert, sich nicht zu erinnern und außerdem wäre zu der Zeit die Crossmaschine auseinander gebaut gewesen, also nicht fahrbereit.

Nur zwei Monate später wurde der arbeitslose Schlosser wieder mit der Yamaha erwischt. Das bestritt er nicht, wollte aber dem Staatsanwalt und dem Richter weismachen, nicht gefahren zu sein. Das Motorrad hätte gar keine Kette besessen, konnte also gar nicht angetrieben werden. Er selbst habe zwar auf dem Krad gesessen, das aber von einem Freund geschoben wurde. Die abenteuerliche Geschichte geht noch weiter. Der Motor lief nur deshalb, damit die Beleuchtung funktionieren konnte – es war ja dunkel. Er selbst hätte zu der Zeit gar nicht fahren können, weil er eine Verletzung am Knie hatte und an Krücken ging – deshalb schob ihn ja sein Kumpel, beteuerte der Angeklagte seine Unschuld.

„Und damit Ihnen nichts passiert, haben Sie sogar wegen der zu erwartenden hohen Geschwindigkeiten einen Sturzhelm getragen", hakte der Staatsanwalt ungläubig nach. Trotzdem blieb Herbert R. stur bei seiner Darstellung und handelte sich so eine Gesamtstrafe von 14 Monaten Gefängnis ein.

§§ WAFFENGESETZ §§§§§§§§§§§§§

Maschinenpistole am Bahnhof Zoo gekauft

Im Mittelpunkt der Verhandlung stand eine Maschinenpistole mit Munition, die von der Polizei beschlagnahmt worden war.

Gustav W. arbeitete als selbständiger Handwerker in Berlin – oft bis spät abends, erklärte er dem Gericht. An einem solchen Abend vor etwa 10 Jahren boten ihm am Berliner Bahnhof Zoo zwei jugendliche Ausländer eine Maschinenpistole mit Patronen an. Er zahlte 800 DM dafür. Er begründete seine damalige Handlung mit den verblüffenden Worten: „Damit die keine Scheiße bauen – ick bin so". Selbst die Ausreden gewöhnte Vorsitzende Richterin schaute verdutzt auf diesen Menschenfreund. Seit drei Jahren ist der 60-Jährige arbeitslos und aus Geldnot versuchte er, Wertsachen wie Münzen, Briefmarken, Schmuck zu barem Geld zu machen. Dabei sollte ihm Franz M. helfen, der über die notwendige Computertechnik verfügt, um die Sachen ins Internet zu stellen. Ein besonderes Prachtstück soll dabei ein Fächer von Zarah Leander gewesen sein, den er in besseren Zeiten für 2 000 DM auf einem Trödelmarkt erstanden hatte. Der sollte jetzt mindestens 5 000 Euro bringen. All diese Dinge verkauften sich aber nicht.

So brachte der gelernte Zimmermann die vor Jahren erstandene Bahnhof-Zoo-Tasche in die Wohnung von Franz M.. Ihr Inhalt: Eine in drei Teile zerlegte Maschinenpistole Peter M 9 Millimeter. Diese vollautomatische Waffe mit integriertem Schalldämpfer ist kroatischer Herkunft und wurde in den 90-iger Jahren für die dortige Armee hergestellt, heißt es im Gutachten des Bundeskriminalamtes dazu. Sie sei schussfähig und die dazugehörigen 275 Patronen scharf.

Die Sache kam durch einen Tipp heraus und daraufhin durchsuchte die Polizei die Wohnung von Franz M.. Der leistete keinerlei Widerstand und gab den Beamten die besagte inhaltsschwere Tasche. Bei der polizeilichen Vernehmung gab er an, dass die MP ursprünglich verkauft werden sollte. Bei der Gerichtsverhandlung wollten die beiden wegen Verstoßes gegen das Militärwaffenkontrollgesetz Angeklagten davon nichts mehr wissen. Er hätte die Waffe längst vergessen, behauptete der 40-Jährige. Für ihn war das nur Schrott. Der Berliner, der eigentliche Besitzer, meinte dagegen, dass er dem anderen per Telefon gesagt hätte, er solle die MP vergraben. Zumindest gaben beide zu, die Waffe in ihrem Besitz gehabt zu haben. Das allein ist strafbar, ein Verbrechen, das aus gutem Grund hart geahndet wird. Der Strafrahmen liegt zwischen einem Jahr und fünf Jahren Gefängnis.

Gustav W. hatte noch nie mit der Justiz zu tun und kam deshalb mit der Mindeststrafe von 1 Jahr davon. Schwieriger ist die Situation für

Franz M., der es auf stattliche 17 Eintragungen im Strafregister gebracht hat. Er wurde zu einem Jahr und sieben Monaten verurteilt. Seine letzte Verurteilung betrug ein Jahr – ebenfalls auf Bewährung. Sollte diese Strafe in das neue Urteil mit einbezogen werden – das könnte die Staatsanwaltschaft nachträglich fordern – dann käme er mit Sicherheit auf eine Freiheitsstrafe von über zwei Jahren, die er dann absitzen müsste.

§§ DROGEN §§

Stammkunde gab Tipp

Ein Jahr und neun Monate Freiheitsstrafe erhielt der bisher nicht vorbestrafte Bert M. wegen des Besitzes verbotener Betäubungsmittel und deren Verkauf an Minderjährige. Da der bisher nicht vorbestrafte 29-Jährige voll geständig war, der Tatzeitraum fast vier Jahre zurückliegt und es sich um geringe Abgabemengen von „weichen" Drogen handelte, ging das Gericht von einem minderschweren Fall aus und setzte die Strafe für drei Jahre zur Bewährung aus.

Der Angeklagte gab zu, selbst Drogen konsumiert zu haben. Anlass dazu war der plötzliche Tod seiner Eltern. Er habe dadurch seinen Halt verloren und Trost im Kiffen gesucht. Um das zu finanzieren, habe er den „Stoff" auch weiter verkauft, räumte er ein. So war auch Dieter T. sein Kunde geworden, der damals gerade erst 16 Jahre alt war. Dieser Jugendliche gab dann bei einer Beschuldigtenvernehmung – es ging um Graffitischmierereien – der Polizei den Tipp, dass Bert M. ein Dealer ist.

Die Abgabe von Drogen von einem Erwachsenen an Minderjährige wird durch das Betäubungsmittelgesetz als Verbrechen eingestuft und mit Gefängnis bestraft, machte die Staatsanwältin dem Angeklagten klar. Mindestens 40-mal hatte der arbeitslose Maurer grammweise Cannabis an den Jungen verkauft. Er selbst erwarb die

Ware in größerer Menge monatlich in Berlin. Bei einer in diesem Zusammenhang vorgenommenen Wohnungsdurchsuchung fanden die Beamten 89 Gramm Cannabis und 132 Ectasytabletten. Beides überschreitet klar den festgelegten Wirkstoffgrenzwert für eine „nicht geringe Menge", wie es im Gesetz heißt. Vor Gericht sagte Bert M. aus, er habe nicht gewusst, dass Dieter T. damals noch nicht 18 Jahre alt gewesen sei.

Das nahm die Staatsanwältin dem Angeklagten jedoch nicht ab. Sie betonte nochmals, dass der Verkauf von Drogen an Minderjährige kein Kavaliersdelikt sei. Sie sei aber durch die Hauptverhandlung zu der Überzeugung gelangt, dass der Angeklagte seine Drogenkarriere längst überstanden habe und er auch Halt durch seine Geschwister bekäme, die mit im Gerichtssaal saßen. So wäre eine Bewährungsstrafe vertretbar. Dem schloss sich das Gericht mit seinem Urteil an.

§§KÖRPERVERLETZUNG§§§§§§§§§§

Katerstimmung im Amtsgericht

Der verstorbene Kater des Ehepaares R. war der Auslöser einer Gerichtsverhandlung. In diesem Privatklageprozess bezichtigte der Berliner Volker T. das Ehepaar der Beleidigung, Bedrohung und Körperverletzung. Die Staatsanwaltschaft sah nach Prüfung der Anzeige allerdings von einer Strafverfolgung wegen Geringfügigkeit ab. Der Geschädigte gab sich damit nicht zufrieden und reichte deshalb eine Privatklage ein. Dies komme in der Praxis äußerst selten vor, bestätigte die Richterin. In ihrer langjährigen Tätigkeit wäre das ihr zweiter Fall. Sie machte kein Hehl daraus, dass ihr ein Vergleich zwischen den verfeindeten Parteien das Liebste sei. Dies jedoch wies der Kläger empört zurück.

Weshalb kam es zu der unschönen Auseinandersetzung in einem kleinen Dorf am Rande der Schorfheide?

Der schon erwähnte vierbeinige Hausgenosse, den Marie und Torsten R. sehr liebten, war unheilbar erkrankt und musste vom Tierarzt eingeschläfert werden. Sie begruben ihn in der Nähe ihres Wohngrundstückes, das sie von ihrem Nachbarn Volker T. gemietet haben. Der Berliner verbringt meist die Wochenenden auf seinem nach der Wende erworbenen Grundstück. Er fand den teilweise verwesten und nach seiner Darstellung vom Fuchs frei gewühlten Katzenkadaver.

Marie R. dagegen ist der Meinung, dass der ihr unsymphatische Großstädter, mit dem sie schon oft Streit hatten, das Tier ausgegraben habe. Wütend habe sie den 45-Jährigen damals zur Rede gestellt. Dabei, gab sie zu, seien sicher auch nicht druckreife Ausdrücke ihrerseits gefallen. Sie wäre aber nicht handgreiflich geworden. Als ihr Mann sie etwas später in Tränen sah, mischte er sich ins Geschehen ein und griff den vermeintlichen „Leichenschänder" unter groben Beleidigungen und Drohungen beim Hemdkragen. Das Hemd überlebte die Rangelei nicht, der Träger kam mit einer blutigen Lippe davon. Zwei Mitarbeiter des Uckermärkischen Umweltamtes, die an besagtem Tag auf Anforderung des Grundstücksbesitzers zu einem Ortstermin erschienen waren, bestätigten die unschöne Auseinandersetzung.

Bei einer Aussprache vor dem Schiedsgericht hatte sich Torsten R. für sein Verhalten gegenüber dem Berliner zu entschuldigen versucht. Der nahm nicht an. Im Gegenteil, sein Anwalt forderte Geldstrafen für Torsten R. von 2 000 Euro, für dessen Ehefrau 500 Euro und 600 Euro Schmerzensgeld für seinen Mandanten. Der Verteidiger der Eheleute wies das als völlig überzogen zurück. Das Urteil: 250 Euro Strafe für die Frau, 225 Euro für ihren Gatten und 200 Euro Schmerzensgeld.

FAHRLÄSSIGE TÖTUNG

Todessturz wirft viele Fragen auf

Tragisch begann der erste Arbeitstag nach den Feiertagen im neuen Jahr für eine Dachdeckerfirma. Einer ihrer Mitarbeiter stürzte bei Arbeiten an einem Dachfenster eines Eigenheimneubaus durch die Bodendecke bis ins Kellergeschoss ab und verstarb noch am Unfallort. Der gelernte Dachdecker hatte sich auf eine Spanplatte von 90 mal 60 cm, die zwischen zwei Sparren gelegt war, ungesichert gestellt. Die übrige Bodenfläche war lediglich mit Dämmstoff ausgefüllt, so dass es bei einem Fehltritt des jungen Mannes keinen Halt mehr für ihn gab.

Wegen fahrlässiger Tötung saßen deshalb der Arbeitgeber und der verantwortliche Vorarbeiter auf der Anklagebank des Amtsgerichtes. Der Geschäftsführer wies jede Schuld an diesem furchtbaren Unfall zurück. Er habe an diesem Schicksalstag früh morgens noch eine Unfallschutzbelehrung mit allen Mitarbeitern durchgeführt. Ferner habe er keinen konkreten Arbeitsauftrag für das schon erwähnte Dachfenster erteilt. Die vier Mitarbeiter, die er dann zu dieser Baustelle schickte, sollten noch fehlende Firststeine verlegen, das aber nur, wenn es die Witterung zuließe. Ansonsten wären Rest- und Aufräumungsarbeiten noch zu erledigen gewesen.

Von Dichtungarbeiten an dem Bodenfenster wusste er nichts. Der Polier, der mit auf der Baustelle war, ließ durch eine von seinem Verteidiger verlesene Erklärung ebenfalls seine Unschuld beteuern. Er habe dem später Verunglückten keine Anweisung für diese lebensgefährliche Tätigkeit gegeben. Weshalb der erfahrene Dachdeckergeselle trotzdem über wacklige Leitern des Bauherren acht Meter hoch kletterte, könne er sich nicht erklären. Das bestätigten auch die beiden Arbeitskollegen. Sie seien mit anderen Arbeiten beschäftigt gewesen, so dass es für den Sturz keine Augenzeugen gibt.

61

Die Verteidiger ließen während der Verhandlung durchblicken, dass ihren Mandanten schwerlich ein Verstoß gegen die Sorgfaltspflicht nachzuweisen wäre und deshalb das Verfahren eingestellt werden müsse. Der Staatsanwalt und der Vertreter der Nebenklage – als Nebenkläger trat das Amt für Arbeitsschutz auf – waren davon nicht überzeugt. Dass der Polier nichts von der gefährlichen und nach den Arbeitsschutzgesetzen unzulässigen Tätigkeit seines Gesellen gewusst haben will, nahmen sie ihm nicht ab. Das sah das Schöffengericht ebenso und verurteilte ihn zu einer Geldstrafe von 4 800 Euro. Der Chef der Dachdeckerfirma wurde dagegen freigesprochen.

VERKEHR

Wilde Flucht über die Autobahn

Für eine krimireife Flucht vor der Polizei auf der Autobahn erhielt ein 33-Jähriger ein Jahr und sechs Monate Freiheitsstrafe.

Benno A. wollte nach einem nächtlichen Anruf unbedingt schnellstens in die „Teufelstanz-Disko" nach Berlin, um dort von einem Bekannten ausstehendes Geld zu bekommen. Kurzerhand nahm er von seinem Freund Zündschlüssel nebst Auto und fuhr los. Dass er keine Fahrerlaubnis besaß, war ihm egal. Am S-Bahnhof fiel einer Polizeistreife dieser Mercedes-Kombi, ein ehemaliger Krankentransporter, auf. Sie verfolgten und stoppten den Wagen an der Autobahnauffahrt. Der Fahrer kurbelte die Scheibe herunter und ließ sich ansprechen, gab aber Gas und raste auf die Autobahn in Richtung Prenzlau.

Nun wurde am frühen Morgen die Autobahn zum „Teufelstanz". Die Beamten informierten daraufhin ihre Kollegen vom Nachbarkreis, die die weitere Verfolgung übernahmen. Mit Blaulicht und Sirene bei Tempo 160 versuchten die Polizisten, den jungen Mann zu überholen. Der zog sein Fahrzeug bewußt nach links, so dass dies nicht gelang. Um kein unnötiges Risiko einzugehen, bat der Streifenfahrer die Autobahnpolizei um Hilfe. Diese zwang den Raser durch einen künstlichen Stau in das Kiesbett einer Baustelle. Dieses Geschehen schilderten widerspruchsfrei alle beteiligten Polizisten als Zeugen dem Gericht.

Der deshalb wegen gefährlichen Eingriffs in den Straßenverkehr und Fahrens ohne Fahrerlaubnis angeklagte arbeitslose Klempner bestritt die Tat nicht. Von der mehrfachen gefährlichen Behinderung des Einsatzfahrzeuges beim Überholen wollte er allerdings nichts wissen. Er wäre in Panik gewesen und könne sich nach über zwei Jahren nicht mehr so genau erinnern.

Nicht gerade positiv für den Angeklagten spricht sein Vorstrafenregister. Den im Kinderheim und Jugendwerkhof herangewachsenen Mann hatte die Wende total aus der Bahn geworfen. Er verlor früh seinen Job, und es folgten viele Straftaten, so dass er vier Jahre hinter Gefängnismauern lebte. Auch das Fahren ohne Berechtigung musste schon öfter bestraft werden.

So wundert es nicht, dass der Staatsanwalt eine empfindliche Freiheitsstrafe von eineinhalb Jahren verlangte. Dem folgten die Vorsitzende Richterin und die beiden Schöffen in ihrem Urteil.

§§ DIEBSTAHL §§§§§§§§§§§§§§§§§§§§

Das Leben in Freiheit ist ihm fremd

Wegen Hausfriedensbruch und Diebstahls wurde ein Mann am Amtsgericht zu 4 Monaten Gefängnis verurteilt. Er muss sie nach einer derzeitigen Verbüßung einer zweijährigen Haftstrafe anschließend absitzen. Aufgrund seiner einschlägigen Vorstrafen kann keine Bewährung gegeben werden, begründete die Richterin kopfschüttelnd, obwohl der Angeklagte mit seinen 78 Jahren schon nahe am biblischen Alter ist.

Es ging um 30 Euro, die Richard O. aus einem fremden Kleidungsstück mitgehen ließ.

Der alte bärtige Herr, der mit langer weißer Mähne in den Gerichtssaal geführt wurde, erzählte, wie es zur Tat gekommen war. Er habe bis zum Frühjahr in Berlin gewohnt, vielleicht besser ausgedrückt – gehaust. In der Zeit sei bei ihm mehrfach eingebrochen worden und er wurde auch überfallen. „Ich hatte die Schnauze voll", rief der zierliche Mann in den Gerichtssaal. Er packte seine Habseligkeiten in einen Fahrradhänger und zog nach Norden. Der gelernte Melker ist gebürtiger Märker. Es begleiteten ihn eine ebenfalls großstadtmüde junge Frau und ein Collie. Unterschlupf fanden die drei in einem alten Militärbunker. Nach kurzer Zeit waren sie total mittellos. Richard O. hing sich ein Schild um den Hals mit der Aufschrift „Obdachloser bittet um eine Spende" und ging bettelnd von Hof zu Hof. Auf einem dieser Höfe stand die Haustür offen. Der Bettler betrat unaufgefordert das Gebäude und sah an der Flurgarderobe Kleider hängen. Darin fand der ungebetene Besucher 30 Euro und verschwand damit. Die Hausfrau sah aber den Dieb noch fliehen. So konnte er auf dem Weg zum Bunker gestellt werden.

Bei der gestrigen Verhandlung gestand der Angeklagte reumütig alles ein, so dass die Zeugen mit Einverständnis der Staatsanwältin und des Verteidigers ungehört entlassen werden konnten. Fast 10 Minuten lang las dann die Vorsitzende das Vorstrafenregister des Angeklagten vor. 37-mal saß Richard O. schon auf der Anklagebank. Stellt sich die Frage, ob er einen Eintrag im Guinnessbuch der Rekorde damit schaffen will. 40 Jahre mit Unterbrechungen hat er hinter Gittern gelebt. Die erste Eintragung ist von 1947 – da war er ein junger Mann von 20 Jahren – die letzte von 2005. Immer wieder Diebstahl, Betrug und Hehlerei. Für die Richterin und die Staatsanwältin, für den Verteidiger und auch den Gerichtsreporter ist Richard O. in Sachen Vorstrafen Spitzenreiter.

Kein Fußballfan

Jürgen L. ist offensichtlich kein Fußballfan, sonst hätte er bestimmt nicht zu der Zeit, als das EM-Qualifikationsspiel Türkei – Deutschland im Fernsehen, übertragen wurde, eine Spielothek ausgeraubt. Das Spiel lief gerade fünf Minuten, als der 22-Jährige, vermummt und mit vorgehaltener Pistole in die Spielhalle stürmte und die beiden Mitarbeiterinnen bedrohte. Um seine räuberischen Absichten zu bekräftigen, hielt er der 52-jährigen Hilde C. die Waffe an den Kopf und der 30-jährigen Nadine M. in den Rücken, die beide in Todesangst aneinandergeklammert am Boden lagen.

Die Frauen bezeugten sehr bewegt und teilweise unter Tränen das damalige Geschehen dem Schöffengericht. Sie leiden noch heute an den Folgen dieses brutalen Überfalls und sind deshalb immer noch in ärztlicher Behandlung. Nadine M. musste sogar den Job aufgeben. Ist zu hoffen, dass die Entschuldigung des Angeklagten sowie die Zahlung von Schmerzensgeld den Opfern helfen werden.

Jürgen L. hatte in der Untersuchungshaft viel Zeit zum Nachdenken. Neben den schon genannten Wiedergutmachungen will er von den Drogen weg, die er seit seinem 15. Lebensjahr konsumiert. Diesen gibt er auch die Hauptschuld an seinem Fehlverhalten. Am Tattag hätte ihn sein Kumpel von morgens an mit Kokain vollgepumpt und ihn so für den Überfall gefügig gemacht. Der hätte ihn dann auch zur Spielothek gefahren, Pistole und Maske in die Hand gedrückt und zum Raub los geschickt. Mit der Beute, 3000 Euro und 70 Token (Spielmünzen) im Plastikbeutel verließ der Räuber den Salon und teilte anschließend mit seinem Komplizen. Jürgen L. und sein Verteidiger versuchten das Gericht davon zu überzeugen, dass der Kokainkonsum allein Schuld an der Tat war. Er hätte sozusagen neben sich gestanden. Aus diesem Grund wurde ein Sachverständiger dazu gehört. Der bestätigte eindeutig, dass durch das Kokain keine verminderte Schuldfähigkeit ausgelöst worden sei. Nach seinen Erkenntnissen war der Angeklagte zur Tatzeit in einer Euphoriephase, die aber die Zurechnungsfähigkeit nicht beeinträchtigt.

So kamen der Staatsanwalt und die Richter nicht umhin, bei ihm eine starke kriminelle Energie festzustellen. Davor gilt es die Gesellschaft zu schützen und mit drei Jahren und neun Monaten Gefängnis blieb das Urteil im unteren Bereich des Strafrahmens. Mildernde Aspekte waren seine Geständigkeit und Reue, sein gutes soziales Umfeld – Eltern und Verlobte saßen mit Bangen im Gerichtssaal – sowie das Versprechen seines Arbeitgebers, ihn weiter zu beschäftigen und sein bisher straffreies Leben.

Übrigens hatte nicht nur Jürgen L. an dem Abend verloren – Deutschland verlor ebenfalls 0:1.

§§ BETRUG §§§§§§§§§§§§§§§§§§§§§§§

Leere Wohnungen, falsche Namen, teure Waren

Kleidung, Kosmetika, Elektronikgeräte – Werner T. war nicht wählerisch, wenn es um seine Bestellungen bei Versandhäusern ging. Er durchforstete die Kataloge von Quelle, Neckermann und anderen Anbietern, von fünf Häusern insgesamt. Der 45-Jährige hatte Waren für rund 11 000 Euro bestellt. Die Absicht, für seine Konsumträume zu zahlen, hatte er jedoch wohl nie.

Der Staatsanwalt benötigte eine Viertelstunde für die Verlesung der 37 Anklagepunkte und stellte zusammenfassend fest, dass sich der Hartz IV-Empfänger dadurch eine erhebliche Einnahmequelle verschafft hatte. Immer nach dem folgenden Muster ging der Täter vor: Er bestellte bei den Versandhäusern die verschiedensten Artikel. Der Berliner gab immer leerstehende Wohnungen einer Kleinstadt nördlich der Hauptstadt als Lieferadresse an. Er hatte dabei die Klingel-

und Türschilder mit den falschen Namen überklebt, die er auch bei der Bestellung benutzte. Die Bestellungen waren recht vielschichtig, vom Haartrockner für 30 Euro bis zu 750 Euro für einen Digital-receiver ging die Spannbreite. Er bestritt nicht, die Waren in Empfang genommen zu haben. Er sei aber nicht der Besteller, noch der, der die Postbenachrichtigungen für die Pakete unterschrieben habe. Ein Zufallsbekannter, dessen Namen er nicht wisse, habe ihn um diese Gefälligkeit gebeten. Der Mann legte großen Wert darauf, dass er weder mit falschem Namen unterschrieben noch sich für jemand anderes ausgegeben habe. Dagegen stand die Aussage einer Zeugin, die ein Paket hilfreich entgegen genommen hatte, welches der Angeklagte unter Angabe des Adressaten bei ihr abholte. So fiel die Geschichte von dem großen Unbekannten beim Gericht durch. Das sei eine reine Schutzbehauptung des Angeklagten. Gegen ihn sprechen auch seine vielen Vorstrafen.

Drei Jahre und neun Monate Freiheitsstrafe lautete schließlich das Urteil nach vier Verhandlungstagen. Trotz seiner „Justizerfahrenheit" war Werner T. von der Höhe der Strafe überrascht und empfand sie als zu hart.

§§RECHTSRADIKAL§§§§§§§§§§§§§§§

Mit „Sturm"-T-Shirt unterwegs

Wegen Verstoßes gegen das Versammlungsgesetz saß Paul N. auf der Anklagebank des Jugendschöffengerichtes. Er gehörte zu einer acht-köpfigen Gruppe, die nachmittags vor dem Bahnhof stand. Unübersehbar ihre Springerstiefel, die durch hochgekrempelte Hosen besonders zur Schau gestellt waren. Mehrere trugen schwarze T-Shirts, bedruckt mit weißen Reichsadlern. Unschwer wollten diese jungen Männer ihre Zugehörigkeit zur rechten Szene damit zum Ausdruck bringen. In diesem Outfit sollte es dann zum Oktoberfest gehen.

Das verhinderte eine zivile Polizeistreife. Der fiel diese Ansammlung bei der Vorbeifahrt sofort ins Auge, zumal einige davon ihnen einschlägig aus ihrer Polizeiarbeit bekannt sind – so auch der Angeklagte. Der trug für jeden sichtbar das T-Shirt mit dem Aufdruck vorn unter dem Reichsadler "Sturm ...." und auf der Rückseite in altdeutscher Schrift „Wer Wind sät, wird Sturm ernten", sagte einer der Streifenpolizisten als Zeuge aus. Das bestätigte auch Dieter K. in der Verhandlung, der damals zu dieser Gruppe gehörte und auch das gleiche T-Shirt trug. Er hatte allerdings eine Jacke darüber.

Bei einer späteren Hausdurchsuchung bei dem Angeklagten fanden die Ermittlungsbeamten auch das T- Shirt und an der Wand die Reichskriegsflagge. Auf die Frage des Richters in diesem Zusammenhang, gab der angehende Abiturient die lakonische Antwort: „weil es gut aussah".

Nun ist Paul N. kein unbeschriebenes Blatt. Er sitzt wegen versuchter Brandstiftung und Volksverhetzung eine 20-monatige Jugendstrafe ab. Er war bei einem Brandanschlag auf ein Partei-Büro „Die Linke" dabei, und er gehörte auch zu einem Trio, das ein Transparent vor der Mahn- und Gedenkstätte Sachsenhausen mit der Aufschrift „Sie waren die besten Soldaten der Welt" ausrollte, während dort ein Vortrag unter dem Thema „Mein Vater war ein Nazi" lief.

Dafür erhielt Paul N. die schon erwähnte Gefängnisstrafe, die er zur Zeit absitzt. Nun sollen noch zwei Monate dazu kommen, beantragte der Staatsanwalt. Dem schlossen sich die Richter mit ihrem Urteil an, das nun 22 Monate Jugendstrafe ohne Bewäh-rung lautet.

Erschreckend an diesem Fall ist, dass man bei diesem intelligenten jungen Mann so eine schlimme rechtsradikale Gesinnung konstatieren muss.

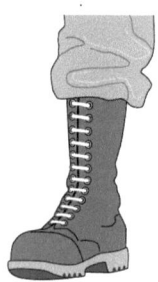

Eifersüchtig wie Othello

Eifersüchtig wie Othello benahm sich Christian E. – nur mit dem Unterschied, dass in dem berühmten Shakespeare-Drama der Haupheld seine geliebte Desdemona erwürgte, weil sie ihn betrogen haben soll – was aber nicht stimmte. Unser „Held" aber rächte sich an seinem Nebenbuhler und nicht an der untreuen Freundin, die fremdgegangen sein soll – was aber stimmte.

Als der jetzt 20-jährige Abiturient vom Fehltritt seiner Freundin erfuhr, war er zutiefst enttäuscht und außer sich. Er bat sie zur Klärung dieses Dreieckverhältnisses mit dem unerwünschten Mitbewerber Holger N. um ein Treffen. Sie sollte ihm eine SMS schicken mit dem Vorschlag eines Treffens in einem Waldstück. Nichts Böses ahnend, tat sie es. Misstrauisch über diesen ausgefallenen Treffpunkt geworden, ließ sich der Student Holger N. von seinem Vater dorthin begleiten. Als er an der verabredeten Stelle erschienen war, sah er nur die von beiden jungen Männern umworbene Freundin und schickte seinen Vater nach Hause. Der wendete seinen Wagen, und als er kurz danach wieder an der gleichen Stelle vorbei fuhr, sah er seinen Sohn zusammengekrümmt am Boden hocken.

Inzwischen hatte Christian E., der am Tatort versteckt gewesen war, seinem verhassten Konkurrenten Pfefferspray in die Augen und über die Hände gesprüht. So schilderten Vater und Sohn das damalige Geschehen als Zeugen vor Gericht.

Deshalb saßen Christian E. und seine untreue Angebetete gezwungenermaßen wieder vertraut auf der Anklagebank wegen gefährlicher Körperverletzung. Der Angeklagte legte ein volles Geständnis ab und entschuldigte sich beim Opfer. Er würde, wenn er noch einmal in solch eine Situation kommen sollte, heute anders reagieren, beteuerte der Gymnasiast. Die blonde und wohlgeformte Mitangeklagte sagte, dass sie fest der Meinung war, dass ihr Freund damals mit dem Widersacher nur ein klärendes Gespräch führen wollte. Bei dem überraschenden Angriff war sie am Auto, also nicht Zeugin des Geschehens. An dieser Stelle der Beweisaufnahme unterbrach die Jugendrichterin für einige Minuten die Verhandlung, um mit der Staatsanwältin ein Gespräch unter vier Augen zu führen. Diese beantragte danach das Verfahren gegen das ehemalige Liebespaar vorläufig einzustellen unter der Bedingung, dass beide ein Schmerzensgeld von 200 Euro an den Geschädigten zahlen. Der Vorteil dieser Entscheidung ist, dass die jungen Leute – wenn auch jetzt getrennt – weiterhin als nicht vorbestraft durchs Leben gehen können.

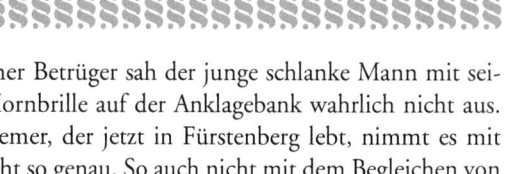

BETRUG

Aufgetankt und nicht bezahlt

Wie ein notorischer Betrüger sah der junge schlanke Mann mit seiner modischen Hornbrille auf der Anklagebank wahrlich nicht aus. Der gebürtige Bremer, der jetzt in Fürstenberg lebt, nimmt es mit dem Bezahlen nicht so genau. So auch nicht mit dem Begleichen von Tankrechnungen in Gransee und Kyritz im vorigen Sommer.
Deshalb wurde gegen ihn am Amtsgericht verhandelt. Zur Zeit kann der 27-Jährige überhaupt keine Schulden bezahlen, da er seit dem letzten August in der JVA eine seiner vielen Geldstrafen ersatzweise absitzen muss. Zu seinem Prozess war er als Freigänger pünktlich erschienen. Sichtlich beeindruckt von den letzten Wochen im Knast, versprach der Discjockey dem Gericht, sein bisheriges Leben ändern zu wollen und für die Zukunft straffrei zu bleiben. Auf diese Zukunft in Freiheit wird der mehrfach wegen Betruges vorbestrafte Angeklagte allerdings einige Zeit warten müssen, denn das Urteil lautete acht Monate Gefängnis ohne Bewährung. Die habe er zuvor schon

mehrfach erhalten und nicht ernst genommen, hielt ihm die Staatsanwältin vor. Im Gegenteil, obwohl er zu einer Bewährungsstrafe von einem Jahr und sieben Monaten von einem Bremer Gericht und von zwei anderen Gerichten zu vier Monaten bzw. 150 Tagessätzen (ersatzweise fünf Monaten Freiheitsstrafe) verurteilt worden war, beging er die neuen Betrügereien. So muss er nach diesem Urteil die Widerrufung der eben aufgeführten Bewährungen durch die Staatsanwaltschaft bfürchten. Man muss kein Adam Riese sein, um daraus eine Gesamtstrafe von zwei bis drei Jahren zu errechnen – teures Benzin! Lukas F. hatte bei der TOTAL-Tankstelle in Gransee für 65 Euro getankt. Als das Bezahlen mit seiner ungedeckten Kreditkarte nicht klappte, legte er dem Personal seinen Ausweis zum Kopieren vor. Mit der Ausrede, dass er erst mit seiner Bank sprechen müsse und dann bezahlen käme, verschwand der Angeklagte. Die gleiche Show zog er in Kyritz ab – hier waren es 62 Euro.

Solche und viele ähnliche Betrugshandlungen verbunden mit Urkundenfälschung ziehen sich wie ein roter Faden in den letzten sieben Jahren durch das Leben des Angeklagten. Er gab zu, sein Geld meis-tens sinnlos vergeudet zu haben. Obwohl er immer gearbeitet hat –also Geld verdient hat – häuften sich bei seinem Lebenswandel Schulden in Höhe von jetzt 11 000 Euro an. Um diesem Teufelskreis zu entrinnen, ist er seit geraumer Zeit in psychologischer Behandlung und lässt sich von einer Schuldnerberatung helfen.

§§ DIEBSTAHL §§§§§§§§§§§§§§§§§§§

Von der U-Haft in den Knast

Seit seiner Strafmündigkeit hat Thomas D. 15 Vorstrafen angesammelt und mehr als die Hälfte seines Lebens hinter Gittern verbracht. Seine Spezialität: Einbrüche. Die letzte Strafe von vier Jahren und acht Monaten saß er voll ab. Trotzdem brach er im Jahr seiner

Entlassung schon wieder in Einfamilienhäuser ein und klaute Geld und PKWs. Als Motiv für diese schnelle Rückfallgeschwindigkeit nannte er Geldnot. Das nahm ihm die Staatsanwältin so nicht ab. Man klaut nicht Autos und lässt sie nach kurzer Fahrt stehen, wenn man mittellos ist. Logischer wäre es, sie zu Geld zu machen, argumentierte die Anklägerin. Und weiter: Gefängnisstrafen sollen nach Möglich-keit eine abschreckende Wirkung auf Straftäter ausüben und wenn das nicht fruchtet, müssen sie weggesperrt werden, um die Gesellschaft zu schützen. Das ist bei diesem Angeklagten der Fall und sie fordere deshalb für ihn eine Freiheitsstrafe von zwei Jahren und zwei Monaten.

Wofür ?

Thomas D. brach unbemerkt in ein Haus in einem Dorf am Rande Berlins ein und nahm eine Tasche mit 100 Euro Bargeld, Ausweisen, Versicherungskarten und diversen Schlüsseln mit, die auf der Flurkommode lag. Scheinbar nicht genug Beute für ihn, so dass er gleich auch noch ins Nachbarhaus einstieg. Hier ließ er ein Handy und eine Armbanduhr, die auf dem Schuhschrank lagen, mitgehen. Mit ebenfalls dort gefundenen Autoschlüsseln startete der Einbrecher den dazugehörigen Opel-Corsa und fuhr davon – selbstredend ohne einen Führerschein zu besitzen. Der PKW wurde zehn Tage später gefunden und der Besitzerin wiedergegeben, sagte diese als Zeugin aus.

Ähnliches geschah nur vier Tage später in Berlin-Heiligensee. Hier betrat der Dieb ein Einfamilienhaus über die Terrasse und fand drei Geldbörsen und die Schlüssel für einen VW-Polo, mit dem er dann losfuhr. In der gleichen Straße baute er aus einem Golf das Radio aus.

Bei einer in diesem Zusammenhang durchgeführten Durchsuchung der Berliner Wohnung des Angeklagten wurden 21 Gegenstände aus seinen Einbrüchen sichergestellt und ihren Besitzern wieder zurückgegeben.

Thomas D. wurde zu zwei Jahren und zwei Monaten Gefängnis vom Schöffengericht verurteilt. Der 35-Jährige nahm das Urteil gefasst an. Der Haftbefehl gegen ihn wurde aufrechterhalten, so dass der gebürtige Berliner aus der U-Haft sofort in den Strafvollzug überführt wird.

§§ ERBRECHT §§§§§§§§§§§§§§§§§§§§

Das verschwundene Testament

Bekanntlich sollen Schornsteinfeger Glück bringen. Auf den am Amtsgericht begonnenen Prozess gegen solch einen Glücksbringer traf das eher nicht zu. Grundvoraussetzung für diesen Beruf ist Schwindelfreiheit und gerade diese wurde im übertragenen Sinn bei einem Erbschaftsstreit mit seiner Stiefmutter vom Gericht angezweifelt. Torsten T., der nach dem Tode seines Vaters sich als Alleinerbe sah, hatte in einer eidesstattlichen Erklärung an das Amtsgericht versichert: „Der Erblasser hat andere Verfügungen von Todes wegen als die angegebenen nicht hinterlassen". Die Ehefrau des Erblassers behauptet, dass ein gemeinschaftliches Ehegattentestament existiert. „Dieses habe ich in den Unterlagen nicht gefunden". Erst einen Tag vor einer deshalb am Erbgericht angesetzten Verhandlung gestand der 26-Jährige ein, dass es doch solch ein Testament gab. Nun sitzt der junge Mann wegen Urkundenunterdrückung auf der Anklagebank.

Sabine und Rainer T. heirateten ein zweites Mal. Nach der Hochzeitsreise zeigte die damals 35-jährige Braut bei einer Nachfeier ihrer Freundin Anne N. stolz ein Ehegattentestament, das im Safe ihres Mannes aufbewahrt war. In diesem Dokument waren beide als gegenseitige Erben eingesetzt, bezeugte Anne N. vor Gericht und bestätigte damit die Aussage der Klägerin Sabine T.

Diese hatte zuvor gesagt, dass sie nach dem plötzlichen Tode ihres Mannes, von dem sie aber zu der Zeit schon getrennt lebte, von dem Angeklagten die Herausgabe des umstrittenen Testamentes gefordert habe. Der ließ sie aber abblitzen, indem er behauptete, das Schriftstück nicht gefunden zu haben. Später wurde dann auch im anwaltlichen Schriftverkehr zwischen den beiden die Existenz des Testamentes abgestritten. Torsten T. war inzwischen vom Vater in einem

Er war im zweiten Testament zum Alleinerben ernannt worden und wollte nicht teilen. Im Prozess selbst äußerte er sich nicht zur Sache. Die Ehefrau des Verstorbenen rechnet sich ihrerseits Chancen auf einen größeren Anteil an der Hinterlassenschaft – Haus und Grundstück in guter Lage – aus. Bestärkt wird sie dabei von ihrer Freundin Marianne H., die sehr energisch als Zeugin ebenfalls das Vorhandensein des ersten Testamentes bestätigte. Sie habe es zwar nicht gesehen, aber Telefongespräche mitgehört, bei denen Torsten T. mit seiner Stiefmutter darüber sprach. Widersprüche gab es bei den Zeugenaussagen lediglich über die Form des Schriftstückes. War es maschinengeschrieben oder handschriftlich, oder beides?

Das ist für die Gültigkeit des Streitobjektes nicht unbedeutend. Ein Testament muss handschriftlich verfasst oder andernfalls von einem Notar bestätigt sein. Wäre das eindeutig der Fall gewesen, hätte die Witwe eine Chance gehabt. Der Ehemann kann nicht einseitig ein gemeinsam verfasstes und unterschriebenes Ehegattentestament durch ein neues annulieren. Es ist also nicht richtig, dass generell das jüngste Datum eines Testamentes eine Erbschaft garantiert. Diese Dinge muss ein Erbgericht klären, fand die Strafrichterin und schlug vor, das Verfahren gegen Zahlung von 500 Euro in die Staatskasse durch den bisher nicht vorbestraften Torsten N. einzustellen.

§§DROGEN§§§§§§§§§§§§§§§§§§§§§§§

Drogen gibts doch an jeder Ecke

Die kriminelle Karriere des Bert M. zum Drogendealer ist leider kein Einzelschicksal. Immer öfter in letzterer Zeit muss sich das Jugendschöffengericht mit Verstößen gegen das Betäubungsmittelgesetz auseinander setzen. Der Angeklagte erhielt aus diesem Grund eineinhalb Jahre Gefängnis angedroht. Sollte er in den nächsten drei Jahren wieder straffällig werden, muss er diese Strafe absitzen.

Schon als Jugendlicher sei er mit Drogen in Berührung gekommen, erklärte der junge Mann dem Gericht. So mal mit Kumpels einen Joint rauchen oder zum Wochenende auch mal eine Ectasypille schlucken. Neugier und vielleicht auch ein bisschen Angeberei waren die Gründe. Dummheit kann es bei dem jetzt 24-Jährigen nicht gewesen sein. Er hat ein exzellentes Schulabschlusszeugnis und auch seine Lehre als Mechaniker erfolgreich beendet.

Die Sache nahm dann ihren dramatischen Verlauf. Der Körper verlangte nach dem Gift, und er wurde abhängig. Das bedeutete wiederum, dass sein Geld für den eigenen Konsum nicht mehr reichte. Er benötigte wöchentlich etwa 250 Euro. Also begann er mehr „Stoff" zu kaufen und mit Gewinn an andere Kleinkunden abzugeben. Die kamen zu ihm meistens am Wochenende in die Wohnung. Ein Gramm Haschisch kostete vier Euro, eine Ectasypille drei Euro, ein Gramm Kokain 60 Euro. Letzteres hatte er in nur zwei Fällen nachweislich veräußert.

Insgesamt gestand er ein, in einem Zeitraum von zwei Jahren 122-mal gedealt zu haben. Anfänglich sei er zum „Einkauf" nach Berlin gefahren. Später habe er es auch hier in der „Provinz" gekauft. „Das Zeug gibt es ja an jeder Straßenecke", so der Angeklagte. Um aus diesem Teufelskreis heraus zu kommen, hat er eine Entziehungskur absolviert – ist aber wieder rückfällig geworden. Durch den Drogenmissbrauch hat er inzwischen bleibende Magen- und Nierenschäden. Der große Wandel setzte bei Bert M. mit der Schwangerschaft seiner Freundin ein. Er schaffte es jetzt aus eigener Kraft, „clean" zu werden. Sein Lebensmittelpunkt ist nun seine kleine Familie – das Kind ist inzwischen zwei Jahre alt.

Der Angeklagte hat eine feste Arbeit als Schweißer und setzt seine ganze Kraft und Freizeit für die Renovierung und den Ausbau eines alten Hauses ein, in dem er mit seiner Frau und Tochter glücklich sein will.

Diese positive Entwicklung schilderte überzeugend die Vertreterin der Jugendgerichtshilfe dem Gericht. Dieses war mit dem Staatsanwalt gleicher Meinung, deshalb die eineinhalb Jahre Freiheitsstrafe zur Bewährung auszusetzen. Als Auflage muss der Angeklagte 500 Euro an das Johannesstift zahlen, das sich um drogengeschädigte Jugendliche kümmert.

FAHRLÄSSIGE TÖTUNG

Tragische Schlamperei

Ein tragischer Arbeitsunfall stand im Mittelpunkt der Verhandlung. Bei Schachtarbeiten wurde ein 48-jähriger Arbeiter verschüttet und so schwer dabei verletzt, dass er noch im Rettungswagen verstarb. Die Firma ABD hatte den Auftrag übernommen, zu den fast fertigen Wohnhäusern Abwasserleitungen zu verlegen. Für das mittelständische Unternehmen mit 150 Mitarbeitern ein kleiner Auftrag, wie der Geschäftsführer als Zeuge dem Gericht erklärte. Deshalb wurde der Baggerführer Bodo G. zum Vorarbeiter für diese Arbeit bestimmt und war somit seinen zwei Kollegen gegenüber weisungsberechtigt und auch arbeitsschutzmäßig verantwortlich.

Der 40-Jährige, der seit fast 20 Jahren in dem Berieb zuverlässig arbeitet, hatte nicht den Mut, von seinen Vorgesetzten eine entsprechende Absicherung des gut zwei Meter tiefen Grabens zu verlangen. Wider besseren Wissens wurde der Kanal weder verbaut, noch vorschriftsmäßig abgeböscht – auch die beiden Mitarbeiter wussten sicherlich um die Gefahren. Deshalb saß nun Bodo G. wegen fahrlässiger Tötung auf der Anklagebank.

Den Unfallhergang schilderte er folgendermaßen: Er fuhr mit seinem Minibagger an den Grabenrand, stieg aus, um den beiden im Graben Arbeitenden einen Rohrabzweig zu reichen. Dabei sah er schon die senkrechte Wand wegbrechen. Er schrie und Steven S.(22) konnte sich retten – für den anderen, seinen Freund und Nachbarn, war es zu spät. Um den vorhandenen Fußweg nicht in Mitleidenschaft zu ziehen, war eine Abböschung nicht möglich, meinte Bodo G.. Es hätte stattdessen also eine Verbauung vorgenommen werden müssen. Entsprechendes Material dafür war aber nicht auf der Baustelle, außerdem bestand Zeitdruck. Der überlebende Steven S. bestätigte im Wesentlichen die Aussagen des Angeklagten.

Ein Vertreter vom Amt für Arbeitsschutz und Sicherungstechnik war damals am Unfallort und jetzt als sachverständiger Zeuge vor Gericht. Er sprach von einem schwerwiegenden Verstoß gegen die geltenden Arbeitsschutzbestimmungen bei diesen Ausschachtungsarbeiten. Schon bei einer Tiefe von 1,25 Metern müssen Sicherungen des Erdreiches vorgenommen werden.

Die Staatsanwältin verlangte eine Geldstrafe von 3 600 Euro für den sonst unbescholtenen Baggerfahrer. Er habe aus falscher Gutmütigkeit leichtsinnig den Kopf für seinen Arbeitgeber hingehalten – so nach dem Motto „Augen zu und durch", schätzte die Richterin diesen tragischen Unfall ein und bestätigte den Antrag der Klägerin mit ihrem Urteil.

KÖRPERVERLETZUNG

Tritte gegen den Torschützen

Es ist unüblich, dass beim Fußball Torprämien von der Gegenmannschaft gezahlt werden. Das Amtsgericht veranlasste dies aber in einer Verhandlung gegen zwei wegen Körperverletzung angeklagte türkische Kicker. Sie sollen jeweils 300 bzw. 200 Euro an ihren ungeliebten Gegenspieler berappen, der ihnen mehrere Tore eingeschenkt hatte. Dann wird das Verfahren vorläufig eingestellt und sie bleiben wie bisher vorstrafenfrei, machte ihnen die Richterin diesen Vorschlag des Staatsanwaltes schmackhaft. Die angeklagten Achmet T. und Mehmet O. nahmen das Angebot an – der Geschädigte kann sich über 500 Euro zusätzliches Geld freuen.

Es ging um ein Fußballspiel zwischen einem Berliner Verein, der mehrheitlich aus Türken besteht und der 3. Mannschaft von Rot-Weiß Hohen Neuendorf. Beim Spielstand von 4:1 für die Hohen Neuendorfer nahm deren Trainer seinen Torjäger Werner K. aus dem Spiel, weil der aufgrund seiner Treffsicherheit den Zorn seiner Gegner auf sich gezogen hatte. Er verfolgte den Rest der zweiten Halbzeit am Spielfeldrand. Dort wurde er vom Spielführer der Berliner Mannschaft Achmet T. unbeherrscht angespuckt. Es entwickelte sich zwischen den beiden eine Rangelei, an der sich weitere türkische Spieler beteiligten, darunter auch der zweite Angeklagte Mehmet O.. Es wurde aus dem Rudel heraus auf den verhassten Stürmer getreten. Damit es nicht zu einer Massenschlägerei kommen sollte, habe er als Mannschaftskapitän seine Spieler in die Kabinen geschickt, sagte Achmet T. aus. Die Sache tat ihm da schon leid – das Spiel wurde vorzeitig beendet, aber später als gewonnen für Rot-Weiß gewertet. Vom gastgebenden Verein wurde Strafanzeige erstattet. Der Torwart und ein Spieler hatten deshalb schon einen Prozess am Amtsgericht Berlin-Tiergarten. Aber auch vor dem Sportgericht wurde verhandelt. Achmet T. wurde für ein Jahr für den Spielbetrieb gesperrt. Auch da habe er sich für sein unsportliches Verhalten bei Werner K. entschuldigt. Zur Spielzeit war gerade Ramadan und durch das damit verbundene Fasten lagen seine Nerven besonders blank, bat der Student der Betriebswirtschaft um Verständnis beim Gericht. Inzwischen haben beide Vereine sportlich friedlich gegeneinander gespielt und sich wieder vertragen. Gut so!

§§ TIERQUÄLEREI §§§§§§§§§§§§§§§

Hund mit Pfefferspray angegriffen

Es kann der Frömmste nicht in Frieden leben, wenn es dem bösen Nachbarn nicht gefällt. Dieses geflügelte Wort trifft den Kern dieses Prozesses, in dem es um den Angriff von Juliane H. mit Pfefferspray auf den ungeliebten Hund ihrer Nachbarin ging. Die 74-Jährige zog in die Parterrewohnung eines Mehrfamilienhauses. Seitdem war es mit dem Frieden in dem von sechs Mietparteien bewohnten Haus vorbei, schilderte Marie M., das stolze Frauchen des Mischlingshundes dem Gericht. Juliane H. beschimpfte den Hund als Kläffer und beschwerte sich beim Vermieter, dass der Vierbeiner unangeleint im Treppenflur herumliefe. Auf Schritt und Tritt sei sie von der Rentnerin beobachtet worden, teilweise sogar mit dem Fotoapparat, erzählte Marie M. weiter. Anzeigen beim Ordnungsamt, aber auch beim Deutschen Mieterbund folgten. Die Situation eskalierte. „Ich trug meinen alten Hund die Treppe herunter. Als ich an der Wohnung von Frau H. vorbei kam, riss sie die Tür auf und sprühte Pfefferspray in die Augen des Tieres", berichtete die 68-Jährige. Die Nachbarin sei blitzschnell wieder hinter der zugeschlagenen Tür verschwunden. „Dem Hund musste ich die gereizten Augen auswaschen und mit Salbe behandeln", beschloss die empörte Hundehalterin ihre Aussage. Sie erstattete Anzeige wegen Tierquälerei gegen die Angreiferin.

Die nun deshalb angeklagte Rentnerin bestritt diese Darstellung. Sie hätte das Pfefferspray nur zu ihrem Schutz angeschafft. Der Hund wäre zur Tatzeit „selbstständig" herumgelaufen. Das habe sie moniert, worauf Marie M. sie mit der Hundeleine schlagen wollte.

Gegen diese Aussage spricht eine schriftliche Meldung des Hauswartes an seinen Arbeitgeber, in dem er über den Besitz des Pfeffersprays und der Absicht von Juliane H., damit den Hund anzugreifen, berichtete. Dies hatte sie ihm erzählt.

Der Vermieter stellte der älteren Dame auch kein gutes Zeugnis aus. Es gab viel Streit mit ihr in seinem Haus, der erst mit ihrem Auszug beendet war. Dass die Angeklagte sehr streitbar ist, mussten auch der Richter und die Staatsanwältin erfahren, denen die Angeklagte mehrfach respektlos ins Wort fiel. Selbst als der Vorsitzende das Urteil verfasste, schimpfte Juliane H. pausenlos. Die Staatsanwältin beantragte, dass die Angeklagte wegen Verstoßes gegen das Tierschutzgesetz 15 Tagessätze zu 30 Euro, also 450 Euro zahlen soll. Dem schloss sich der Richter mit seinem Urteil an. Hinzu kommen die Prozesskosten.

§ DIEBSTAHL §§§§§§§§§§§§§§§§

Dieselklau mit Folgen

„Mit unvergleichlicher Dreistigkeit haben Sie im wahrsten Sinne des Wortes dem Kraftfahrer den Diesel unterm Hintern weggeklaut", brachte es der Jugendrichter auf den Punkt. Und: „Dieselklau ist kein Kavaliersdelikt". Die Worte waren an Waldemar R. auf der Anklagebank gerichtet, dem räuberischer Diebstahl zur Last gelegt wurde. Der jetzt 20-Jährige erhielt eine Verwarnung und muss 350 Euro an ein Jugendzentrum der Kreisstadt zahlen – das entspricht dem Monatseinkommen des Azubis. Sollte er nicht zahlen, drohen ihm vier Wochen Jugendarrest.

Der junge Mann hatte mit zwei Komplizen in der Nacht von einem geparkten LKW ca. 200 Liter Diesel abgezapft. Während das Diebestrio den Kraftstoff aus dem von ihnen aufgebrochenen Tank in Kanister abfüllte, schlief der Kraftfahrer. Der schilderte als Zeuge Folgendes: Er war mit seinem Brummi gegen 19 Uhr über eine Autobahnabfahrt in die Nähe eines Baumarktes gefahren, um seine Ruhe- und Lenkzeit einzuhalten. In der Nacht wurde er durch Geräusche aufgeschreckt. Als er die Tür öffnete, sah er jemand am Tank kauern. „Spinnt ihr", rief er den Dieben zu, worauf die antworteten: „Wenn Dir Dein Leben lieb ist, dann verschwinde wieder in Dein Fahrerhaus, wir sind gleich fertig". Das tat er dann auch, rief aber die Polizei, berichtete der 37-Jährige. Als diese eintraf, waren die drei schon verschwunden. Die Beamten fanden aber im nahen Waldstück sieben gefüllte Kanister, die offenbar später abgeholt werden sollten und lösten eine Nahbereichsfahndung aus.

Mit Erfolg, denn in der nahen Kreisstadt hatten daraufhin Kollegen drei verdächtige junge Männer observiert, die durch penetranten Dieselgeruch auffielen. Die Polizisten fuhren den Fernlastfahrer dorthin und er erkannte einen der Dieselklauer wieder – den Angeklagten. Der hatte seine Teilnahme an diesen Coup vor Gericht nicht bestritten, aber mit der Androhung von Gewalt gegen den Fernfahrer wollte er nichts zu tun haben.

Es spiele für die Bestrafung keine entscheidende Rolle, wer die Drohung ausstieß, so die Staatsanwältin. Sie und der Richter schlossen sich den Vorschlägen der Jugendgerichtshilfe an, den bisher nicht vorbestraften Angeklagten nach dem Jugendstrafrecht zu verurteilen und ihm eine Verwarnung zu erteilen.

BRANDSTIFTUNG

In Bierlaune zu Brandteufeln geworden

„Langeweile, Doofheit und Alkohol", so die Antwort von Ferdinand T. auf die Frage des Richters, weshalb er zum Brandstifter wurde, und weiter: „Im nüchternen Zustand wäre mir das nicht passiert – ich bin doch nicht krankhaft veranlagt".

Der 18-Jährige saß zusammen mit Bastian B. auf der Anklagebank des Jugendschöffengerichtes, um sich wegen der Brandlegung in einer Halle, in der historische Bauelemente lagerten, zu verantworten. In der späten Nacht ging dieses Gebäude in Flammen auf und brannte mit den eingelagerten historischen Fenstern und Türen bis auf die Grundmauern nieder. Es entstand ein Schaden von 250 000 Euro.

An dem besagten Abend trafen sich die beiden eifrigen Mitglieder der freiwilligen Feuerwehr mit Freunden beim Grillen. Gegen 1 Uhr gingen sie gefährlich unternehmungslustig nach Hause. Ferdinand zapfte von Bastians Moped Benzin in eine Colaflasche. Dann fuhren sie zu dem Firmengelände, öffneten das Hallentor, versprenkelten das Benzin und entzündeten es. In Windeseile griff das Feuer um sich. Die beiden flüchteten mit dem Moped. Verdächtig machten sich die Feuerleger dadurch, dass sie als Feuerwehrmänner nicht gleich zur Wache, sondern erst nach Hause fuhren – was aufmerksame, durch die Sirene geweckte Dorfbewohner stutzig machte. Später nahmen die Täter selbst an den Löscharbeiten teil. Bei einer diesbezüglichen polizeilichen Vernehmung erleichterte Ferdinand T. sein Gewissen und legte ein volles Geständnis ab. Der 19-jährige Bastian B. wollte dagegen bei der Brandlegung nur Schmiere gestanden haben und somit seinem Komplizen die Hauptschuld zuschieben. Das Gericht ließ sich davon nicht beeindrucken, schließlich fuhr er das Moped, und dieses lieferte auch das Benzin für die Brandstiftung.

Der Staatsanwalt beantragte für ihn ein Jahr Jugendstrafe, wobei er ihm die teilweise Geständigkeit und Reue zugute hielt. Da er in geordneten Verhältnissen bei den Eltern lebt und seine Berufsausbildung als Maurer demnächst abschließt, kann die Strafe zur Bewährung ausgesetzt werden. Negativ belaste ihn, dass er vor Jahren bereits mit dem Feuer spielte und entsprechend richterlich ermahnt worden war. Für Ferdinand T. verlangte der Ankläger neun Monate, die ebenfalls zur Bewährung ausgesetzt werden können, da der Angeklagte gleichfalls bei den Eltern lebt und eine Lehrstelle hat. Er ist nicht vorbestraft und leistet freiwillig Arbeitsstunden beim Hallenbesitzer als Wiedergutmachung ab. Übrigens brannte es zwei Monate vor diesem Fall schon einmal auf diesem Firmengelände, und auch andere Brände in dieser Zeit im Umland beunruhigten die Bevölkerung. Die beiden Angeklagten bestritten jedoch vehement Zusammenhänge mit diesen noch ungeklärten Bränden.

Der Richter sagte in seiner Urteilsbegründung, dass für ihn die Tat nicht nachvollziebar sei und deshalb das Gericht über die Anträge der Staatsanwaltschaft geht. Anstatt als junge Feuerwehrmänner Feuer zu bekämpfen und Leben zu retten, hätten sie bewusst einen Brand gelegt. Deshalb für Bastian B. ein Jahr und drei Monate und für Ferdinand T. ein Jahr Jugendstrafe auf Bewährung.

Beide Angeklagte nahmen das Urteil reumütig an.

„Guck mal, ein nackter Arsch!"

Nach der Beweisaufnahme in der Hauptverhandlung des Schöffengerichtes gegen Martin P. konnte die Staatsanwältin die Anklage wegen versuchter Vergewaltigung nicht aufrecht erhalten. Sie forderte nun nur noch wegen einfacher Nötigung eine Geldstrafe von 525 Euro.

Die vermeintliche sexuelle Nötigung durch den Angeklagten hatte sich am Rande eines Erntefestes zugetragen. Renate S. traf dort auf einen ihr bis dahin unbekannten Mann und ließ sich von diesem bald in aller Öffentlichkeit küssen. Freiwillig ging die 16-Jährige mit dem Angeklagten in eine nahe gelegene dunkle Nebenstraße. Sie erweckten den Eindruck eines Liebespaares, das bestätigten übereinstimmend Zeugen. Drei junge Frauen kamen in die gleiche Straße, um ihre Fahrräder hier anzuschließen. Sie sahen dort das Pärchen und eine rief amüsiert und auch etwas erschrocken: "Guck mal, ein nackter Arsch!" Durch diesen spontanen Ausruf fühlte sich Renate S. überrascht und riss sich von ihrem Partner los. Der betrunkene Martin P. versuchte noch, das Mädchen festzuhalten. Renate S. lief aufgeregt zum Sanizelt des DRK und wurde dort beruhigt. Die Polizei wurde benachrichtigt und eine Anzeige aufgenommen. So kam es zu diesem Prozess.

Als Zeugin sagte dabei das vermeintliche Opfer aus, dass es nicht bemerkt habe, wie der 24-Jährige beim Küssen seine Hose hat fallen lassen. Erst durch den Schrei der Passantinnen habe sie es bemerkt. Sie betonte, dass sie gar keinen Sex wollte. Der Angeklagte erklärte dagegen, dass seine neue Eroberung sich freiwillig mit ihm eingelassen habe.

Die Staatsanwältin sagte in ihrem Plädoyer, dass sie nicht ganz von der Unschuld des Angeklagten überzeugt sei, aber dass auch die

Geschädigte mit ihren widersprüchlichen Aussagen vor Gericht gegenüber ihren Angaben unmittelbar nach dem Geschehen damals bei der Polizei, nicht glaubwürdig erscheint. Das muss zugunsten des Angeklagten gewertet werden, auch seine nicht unbeträchtliche Stimulanz durch den Alkohol (ca. 2,0 Promille). Eine einfache Nötigung, die mit einer Geldstrafe zu ahnden ist, sei ihrer Meinung nach aber erfolgt. Das Gericht urteilte anders: Nach dem die drei Augenzeuginnen das Paar überrascht hatten, wurde die Sache Renate S. sehr peinlich und deshalb die plötzliche Trennung. Eine versuchte Vergewaltigung hat es aus Sicht der Richter nicht gegeben und sie sprachen den Angeklagten frei.

FISCHWILDEREI

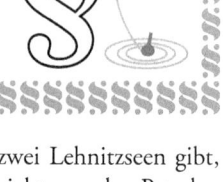

Der doppelte Lehnitzsee

Die Tatsache, dass es im Land Brandenburg zwei Lehnitzseen gibt, half einem Berliner Angler vor dem Amtsgericht aus der Patsche. Den Tatvorwurf der Fischwilderei konnte der Staatsanwalt während der Beweisaufnahme nicht erhärten. Die Behauptung des Angeklagten, er hätte nicht gewusst, dass es sich bei dem auf seinem gültigen Angelschein benannten Lehnitzsee um den bei Potsdam handele und nicht um den Oranienburger Namensvetter, konnte das Gericht nicht widerlegen. Den Angelschein hatte der Petrijünger in einem Sportgeschäft in Potsdam gekauft. Einen für das Angeln darüber hinaus notwendigen Fischereiberechtigungsschein besitzt er nicht.

Mit Angelutensilien ausgerüstet, setzte sich der 35-Jährige an den Vorhafen der Oranienburger Lehnitzschleuse. Hier wurde er von der Wasserschutzpolizei kontrolliert und auf seinen Irrtum mit einer entsprechenden Anzeige aufmerksam gemacht.

Der Strafrichter überzeugte sich, dass tatsächlich im Angelschein der Lehnitzsee nicht eindeutig geografisch benannt ist. Trotzdem war er der Meinung, dass ein erfahrener Angler weiß, dass es sich in der Regel um Gewässer aus der Region handeln muss, wenn er in Potsdam eine Angelkarte kauft und nicht um einen fast 100 Kilometer entfernten See.

Ob der vermeintliche Fischwilderer nun vorsätzlich gehandelt hatte, wollte er allerdings auch nicht unterstellen. Er schlug deshalb die Einstellung des Verfahrens gegen Zahlung einer Geldbuße von 150 Euro vor. Der Staatsanwalt und der Angeklagte waren ebenfalls damit einverstanden. Die Angel wird zurück gegeben.

§§ BETRUG §§§§§§§§§§§§§§§§§§§§§§§

Der Schwindel flog erst sehr spät auf

Wegen Unterschlagung von „vollstreckten" Geldern sollte die Hauptverhandlung gegen Betty T. am Amtsgericht stattfinden. Weil die Angeklagte nicht erschienen war, stellte der Staatsanwalt einen Antrag auf einen Strafbefehl, den der Richter dann mit folgendem Inhalt erließ: Acht Monate Gefängnis, die zur Bewährung ausgesetzt werden und die Wiedergutmachung des entstandenen finanziellen Schadens von rund 3000 Euro.

Auch unter denen, die Zahlungssäumige beruflich zur Ordnung rufen und zur Kasse bitten müssen, gibt es schwarze Schafe. Der zu verhandelnde Fall beweist das. Betty T. war als Vollstreckerin bei der Stadtverwaltung tätig. Ihre Aufgabe bestand hauptsächlich darin, Geld von Bürgern einzutreiben, das diese nicht bezahlt hatten.

Das können Bußgelder wegen zu schnellen Fahrens sein oder nicht bezahlte GEZ-Gebühren (Rundfunk/Fernsehen) oder Unterbringungskosten in einem Lehrlingswohnheim, oder .... . Wenn die üblichen Mahnverfahren in solchen oder ähnlichen Fällen nichts bewirken, dann bitten die entsprechenden Stellen um Amtshilfe bei der für die Zahlungsunwilligen zuständigen Vollstreckungsbehörde.

In dieser Funktion befand sich die Angeklagte und missbrauchte sie, indem sie bei ihr vorgenommene Bareinzahlungen nicht an die Stadtkasse abführte.

So erschlich sich die 35-Jährige laut Anklage innerhalb eines Jahres in 13 Fällen etwa 3 000 Euro. Von den im Gerichtssaal anwesenden Stadtbediensteten – Kämmerei, Rechtsabteilung und Finanzkontrolle – als Zeugen, hörte man sogar etwas von 4 500 Euro. Die Angeklagte hatte ihre Stelle als Vollstreckerin der Stadt „freiwillig" aufgegeben.

Man ahnte bis dahin nichts Böses, was allerdings nicht für eine gute Kontrolle im Hause spricht. Denn erst als die Nachfolgerin Geld von Bürgern eintreiben wollte, die schon bei ihrer Vorgängerin mit Quittung bezahlt hatten, flog der Schwindel auf.

Die Stadt erstattete nun Anzeige gegen die ehemalige Mitarbeiterin. Da die Angeklagte nicht zur Verhandlung erschienen war, konnte das Gericht sich auch keinen Eindruck von der Frau und ihren Motiven machen. Sie legte offensichtlich keinen Wert auf die Möglichkeit, sich zu verteidigen. Das Gericht stand nun vor der Entscheidung, den Prozess neu anzusetzen, was bei den vielen Zeugen sehr aufwändig wäre, oder einen Strafbefehl zu erlassen. Es entschied sich für das Letztere.

§§VERKEHR§§§§§§§§§§§§§§§§§§§

Bei Rot
über die Kreuzung

Diese verfluchte Ampel! Weil er bei Rot über die Kreuzung gefahren war, hatte Bodo S. einen Bußgeldbescheid über 250 Euro und drei Punkte im Verkehrszentralregister (Flensburg) erhalten. Doch mit seinem Einspruch hatte der Autofahrer beim Amtsgericht keinen Erfolg. Er hatte behauptet, dass er die Kreuzung bei Gelb überquert habe und somit unschuldig sei.

Die Richterin hatte vorausschauend deshalb den Polizisten als Zeugen geladen, der die Straßenkreuzung an diesem zur Verhandlung stehenden Tag per Videokamera überwachte.

Der Beamte schilderte sehr genau seine damalige Vorgehensweise. Die Kamera sei dabei in einem Abstand von 10 bis 15 Metern aufgebaut gewesen. Bei Beanstandungen gab er über Sprechfunk Kennzeichen und Fahrzeugtyp an seinen dahinter postierten Kollegen weiter, der dann die Verkehrssünder stoppte. Er könne dabei durch Sichtkontakt kontrollieren, erklärte der Zeuge weiter, dass auch ja der Richtige angehalten werde.

Der eigentliche „Sündenfall" wird auf einer Videokassette festgehalten. Diese brachte der Polizist als Beweisstück mit. So konnten alle Beteiligten im Gerichtssaal mehrfach die Situation an der besagten Kreuzung in bester Bildqualität und Farbe auf dem Monitor betrachten. Eindeutig war der BMW des 35-jährigen Bankkaufmannes bei Rot in den Kreuzungsbereich gerauscht, sehr zum Leidwesen von Verteidiger und Angeklagtem.

Auch bei mehrfachem Hinsehen, in Verlangsamung, vor- und rückwärts, waren die Bilder unbestechlich. Bodo S. blieb nichts weiter übrig, als seinen Einspruch zurückzunehmen. Mit den Worten: „Man muss auch mal verlieren können", entließ die Richterin den Rotfahrer.

§§KÖRPERVERLETZUNG§§§§§§§§§§

Eifersucht und Alkohol

Körperverletzung im Zusammenhang mit räuberischer Erpressung – leider sind solche Anklagen nicht selten. Sogar unter Bekannten geschehen solche Delikte, oft spielt Alkohol dabei eine unrühmliche Rolle. Dass aber zwei junge Frauen deshalb vor dem Schöffengericht auf der Anklagebank sitzen, ist dann doch eher die Ausnahme.

Jeanette B. und Angela C. wurde vorgeworfen, eine 19-Jährige geschlagen und unter Gewaltandrohung zum Einkauf von Bier und Zigaretten gezwungen zu haben. Vorausgegangen war das Gerücht, dass die später Geschädigte mit dem Lebensgefährten ihrer Freundin Jeanette ein Verhältnis hätte.

Um dies aus der Welt zu schaffen, besuchte Doris O. die vermeintlich Betrogene in ihrer Wohnung. Dort kam sie aber gar nicht zu Wort, sondern wurde von der eifersüchtigen und stark alkoholisierten Freundin sofort übelst beschimpft und ins Gesicht geschlagen. Hysterisch forderte sie anwesende Freunde auf, sich an der Bestrafung der hübschen Blondine zu beteiligen, was diese auch bereitwillig taten. So wurde die jetzt in Leipzig Lebende über zwei Stunden lang gezerrt, gestoßen, geprügelt und mit dem Tode bedroht, falls sie eine Anzeige erstatten würde.

Die Anstifterin war inzwischen durch den Alkohol zusammengebrochen und konnte vor Gericht nichts dazu sagen – sie hatte damals einen Filmriss und könne sich das alles nicht vorstellen, es war doch schließlich ihre beste Freundin.

Diese war selbst im Gerichtssaal nicht bereit, eine Entschuldigung der Angeklagten zu akzeptieren. Trotz des Abstandes von zwei Jahren konnte sie ihre glaubwürdigen Aussagen vor den Richtern teilweise nur unter Tränen hervorbringen. Nachdem Doris O. schon etwa eine Stunde Prügel bezogen hatte, tauchte Angela C., die zweite Angeklagte, auf. Sie war noch nüchtern, schlug aber dennoch grundlos auf das Opfer ein, was sie auch reumütig zugab. Ein Motiv ihres Handelns konnte sie nicht nennen, zumal sie angab, nicht mal mit ihr befreundet zu sein.

Eifersucht bei der Einen, vielleicht Neid bei der Anderen, Alkohol bei den Übrigen – wer will das nach so langer Zeit noch beurteilen können? Fakt ist, dass Bier und Zigaretten an dem Abend ausgingen und die Geschundene hier ihre Chance sah, herauszukommen, indem sie sich anbot, von der nahegelegenen Tankstelle Nachschub zu holen. Das gelang, erstaunlicherweise ließ man sie laufen.

Beide junge Frauen, das erwies die Verhandlung, sind schuldig und wurden zu je einem Jahr Freiheitsstrafe verurteilt. Da sie nicht vorbestraft sind und jeweils ein Kind zu versorgen haben, wurden die Strafen auf drei Jahre zur Bewährung ausgesetzt.

§ DIEBSTAHL §§§§§§§§§§§§§§§§§§§

Diebische Haushaltshilfe

Frau K. stellte gutgläubig eine Berlinerin als Putzfrau zur Probe ein. Sie verlangte weder einen Ausweis noch Empfehlungen oder irgendwelche Zeugnisse. So hatte Martina K. leichten Zugang zu den Wohnräumen und nutzte diese Gelegenheit skrupellos aus. Der Schlafzimmerschrank entpuppte sich als Schatzkammer. In ihm lag eine Schatulle mit Gold- und Perlenketten, Diamantringen und goldenen Ohrringen im Gesamtwert von 6 000 Euro. Die „diebische Elster" und ihre leichte Beute waren so schon am ersten vereinbarten Arbeitstag auf und davon. Die Diebin wurde ermittelt, der Schmuck bleibt jedoch verschwunden.

So saß nun die 50-Jährige auf der Anklagebank und das nicht zum ersten Mal, wie man aus dem verlesenen Vorstrafenregister hören konnte. Betrug und Diebstahl in mehreren Fällen hieß es dort. Martina K. sitzt deshalb zur Zeit eine siebenmonatige Gefängnisstrafe ab. Weitere sechs Monate stehen aus einer anderen Strafhandlung noch aus, war von ihrem Verteidiger zu hören, und ein weiteres Verfahren ist am Amtsgericht Berlin-Tiergarten anhängig. Nicht genug damit, geschah der Diebstahl in ihrer Bewährungszeit.

Alles Punkte, die nicht für die Angeklagte sprechen, sagte die Staatsanwältin in ihrem Plädoyer. Und weiter, auch der nicht unerhebliche Schaden muss strafverschärfend berücksichtigt werden, und besonders verwerflich sei der Vertauensbruch zu werten, den die Angeklagte begangen hat. Für die Beschuldigte spräche lediglich ihr umfassendes Geständnis. Das hatte die Mutter zweier erwachsener Kinder zu Beginn des Prozesses durch ihren Anwalt verlesen lassen. Die Anklägerin beantragte schließlich eine achtmonatige Freiheitsstrafe, die aufgrund der erheblichen Vorbelastungen der Frau nicht zur Bewährung ausgesetzt werden kann.

Der Verteidger konnte dem wenig entgegensetzen. Er widersprach lediglich dem von der Staatsanwältin genannten Vertrauensbruch seiner Mandantin. Ein Vertrauensverhältnis hätte in dieser kurzen Zeit – es waren ja nur einige Stunden – gar nicht zu Stande kommen können. Die Strafe solle unter fünf Monaten liegen, schlug er vor. Das Gericht möchte dabei die noch ausstehenden Strafen und Verfahren der Angeklagten berücksichtigen, bat der Anwalt.

Das Gericht verurteilte Martina K. wegen Diebstahls zu sechs Monaten Gefängnis. Der Richter betonte in seiner Urteilsbegründung den ideellen Wert des gestohlenen Schmuckes. Den kann auch keine Versicherung ersetzen.

FREISPRUCH

Zwei kleine Kinder im Dreck

„Eigentlich müsste ich Sie zu einer Geldstrafe verurteilen, aber wir wollen Ihnen helfen, statt Sie zu bestrafen", sagte der Richter nach der Beweisaufnahme. Nicole B. saß auf der Anklagebank, weil sie die Fürsorgepflicht für ihre beiden Söhne verletzt hatte. Ihre Kinder – eineinhalb und drei Jahre alt – waren bei einem Polizeieinsatz in der Wohnung ihres Onkels in einem völlig verwahrlosten Zustand vorgefunden worden. Auslöser des Einsatzes war eine Schlägerei zwischen drei Männern und der Mutter der Angeklagten in der total verdreckten Behausung des Onkels. Es roch nach Fäkalien, die Fußböden klebten, die sanitären Einrichtungen waren nicht funktionstüchtig, die Kleidung der ungewaschenen Kinder war seit Tagen nicht gewechselt, und die Erwachsenen hatten zwischen 2,4 und 3,95 Promille intus.

Nicole B. hatte der Oma die beiden Kleinen für drei Tage anvertraut in der Annahme, dass diese mit den Kindern zu einem Freund, der ein ordentliches Haus besitzt, fahren würde. Die Übergabe erfolgte auf offener Straße. Die Oma hatte zu der Zeit keine eigene Wohnung. Dass sie bei dem Onkel blieb, dies will die Angeklagte nicht gewusst haben. Auch von den unmenschlichen Zuständen dort wusste sie angeblich nichts.

Die Polizei schaltete das Jugendamt ein, das die beiden Jungen bei Pflegeeltern unterbrachte. Die leibliche Mutter darf sie alle 14 Tage besuchen. Sie würde ihre Kinder gern wieder haben, beklagte die 24-Jährige. „Wie soll das gehen? Wie wollen sie ihr Leben in den Griff bekommen ohne Wohnung, ohne Ausbildung und ohne Arbeit?", fragte der Vorsitzende. Sie habe eine Wohnung in Aussicht und wolle Schritt für Schritt sich um eine feste Existenz bemühen, antwortete kleinlaut die junge Mutter. Und sie würde gern Köchin werden.

An dieser Stelle des Prozesses unterbrach der Richter die Verhandlung und zog sich zu einer Rechtsberatung mit der Staatsanwältin zurück. Danach schlug er der nicht vorbestraften Angeklagten vor, das Verfahren vorläufig einzustellen, wenn sie bereit wäre, 200 gemeinnützige Arbeitsstunden abzuleisten. Die Gerichtshilfe, die für die Vermittlung dieser Arbeit zuständig ist, wird sich dabei um einen Platz als Küchenhilfe für die junge Frau bemühen. Vielleicht findet Nicole B. so eine Ausbildung und später eine feste Arbeit, begründete das Gericht diesen hoffentlich helfenden Beschluss.

§§ TIERQUÄLEREI §§§§§§§§§§§§§§§

Rottweiler „Bully" ist kein Unschuldslamm

Ob sich ein Rottweiler und eine Deutsche Dogge aus derselben Stadt vertragen, konnte der Amtsrichter gestern nicht beurteilen – dass allerdings das Herrchen des Rüden und das Frauchen der Hündin sich nicht „beriechen" können, schon.

Der Rottweilerbesitzer, Robert R., muss 3 000 Euro Strafe wegen Verstoßes gegen das Tierschutzgesetz zahlen, entschied das Gericht.

Er hatte die Hündin brutal mit den Füßen getreten und sie dabei erheblich verletzt.

Der angeklagte Rechtsanwalt verteidigte sich selbst und schilderte den vermeintlichen Kampf zwischen den Hunden und ihm folgendermaßen: Er spazierte mit seinem „Bully" und in Begleitung seiner Berliner Freundin auf der Straße. Gleichermaßen kam ihm Paula H. mit ihrer Dogge entgegen, die von einem jungen Mann geführt wurde. Die Dogge riss sich los, stürmte auf seinen Hund zu und biss sich an dessen Kopf fest. Um seinen Liebling zu schützen, trat er mit den Füßen zu, an denen er Turnschuhe trug. Die tierärztlich festgestellten Verletzungen der Dogge könnten nicht von seinen Fußtritten stammen, sondern von den Bissen seines sich tapfer wehrenden Hundes, sagte der 56-Jährige weiter aus.

Aus Paula H.s Mund hörte sich die Sache etwas anders an. Ihre erst zwölf Monate alte Hündin wäre neugierig zu dem Rottweiler gelaufen, um diesen zu beschnuppern. Dazu sei es aber gar nicht erst gekommen, weil der Angeklagte wie ein Kampfsportler mit beiden Füßen auf ihre Hündin mehrfach einsprang. Das Tier hätte danach zu Hause apathisch gelegen und gewimmert. Daraufhin sei sie zum Tierarzt gegangen, der erhebliche Riss- und Schürfwunden feststellte. Ein entsprechendes Attest lag in den Gerichtsakten.

Die Freundin des Angeklagten, die damals dabei gewesen sein will, bestätigte wiederum die Aussagen von Robert R.. Die Klägerin dagegen behauptete im Gerichtssaal, dass die Begleiterin des Angeklagten am Tattag nicht die jetzige Zeugin sei.

Der Richter und die Staatsanwältin glaubten Paula H. und zwar aus drei Gründen: erstens habe sie keine Anzeige erstattet – zur Anklage kam es durch einen anderen Fall, wobei der Rottweiler einen Dackel schwer zugerichtet hatte, zweitens lagen keinerlei Verletzungen beim angeblich angegriffenen „Bully" vor und drittens tauchte die Freundin des Angeklagten als Entlastungszeugin erst sehr spät im Ermittlungsverfahren auf, deshalb halten sie sie für befangen. Diese muss nun sicher mit einer Anklage wegen uneidlicher Falschaussage rechnen.

§§FALSCHAUSSAGE§§§§§§§§§§§§§

Notlüge kostet richtig Geld

Das Ehepaar F. war in das Haus eines Arbeitskollegen in ein abgelegenes Dorf eingeladen worden. Dort wurde gegrillt und getrunken. Der Gastgeber hatte Geburtstag. Die Gäste, die aus Berlin mit dem Auto angereist waren, sollten dort übernachten. Gegen Mitternacht wollte Herbert F. stark alkoholisiert nach Hause fahren – ein bisschen Eifersucht war wohl der Anlass.

Das Geburtstagskind versuchte ihn daran zu hindern. Es kam zu einem Handgemenge und der betrunkene Mann fuhr wütend vom Grundstück bis zur Hauptstraße vor. Dort wartete er auf seine Frau, die weinend im Haus ihre Sachen zusammenpackte. Um Schlimmeres zu verhüten, rief man die Polizei. Die Beamten waren schnell da, schlichteten und stellten Strafanzeige wegen Trunkenheit am Steuer gegen den Fahrer. Denn der Weg vom Grundstück bis zur Straße ist schon öffentlicher Raum und der 42-Jährige hatte über 2 Promille im Blut.

So kam es in dieser Sache zum Prozess gegen Herbert F.. Dabei sagte seine Frau als Zeugin aus, sie sei damals gefahren. Es ging um die für ihren Mann so wichtige Fahrerlaubnis. Ihre Aussage stellte sich aber als falsch heraus, und deshalb saßen nun beide auf der Anklagebank. Sophie F. blieb anfänglich bei der gleichen Version, musste aber nach den glaubwürdig übereinstimmenden Zeugenaussagen ihren Fehler eingestehen.

Die Staatsanwältin nahm diese, wenn auch späte Einsicht, wohlwollend zur Kenntnis und beantragte für die bisher unbescholtene 36-Jährige deshalb nur die Mindeststrafe von drei Monaten Freiheitsentzug, die ersatzweise in 90 Tagessätze zu 10 Euro umgewandelt werden kann. Hinzu kommen für die Angeklagte die Prozess- und Anwaltskosten, denn das Gericht hatte zu Beginn der Verhandlung die Beiordnung des Anwaltes als Pflichtverteidiger wegen der zu erwartenden geringen Strafe abgelehnt. Für Herbert F. empfahl die Anklägerin das Verfahren wegen Geringfügigkeit gegen eine Geldauflage von 600 Euro einzustellen. Dem schloss sich das Gericht mit seinem Urteil an. Und an die Frau gewandt: „Wären Sie damals bei der Wahrheit geblieben, hätten Sie sich viel Ärger und Kosten erspart", schloss der Vorsitzende die Sitzung.

§§ SACHBESCHÄDIGUNG §§§§§§§§§

Rohrbombe in der Telefonzelle

Im Rohrbombenbauen konnten zwei junge Männer erstaunliche Erfolge verzeichnen – im Videofilmen allerdings nicht. Ein laienhaft von Maik V. mit der Kamera seines Freundes gedrehter Film, der dem Gericht als Beweisstück vorlag, zeigte trotz aller Wackler und schlechter Belichtung, wie sein Kumpel Benjamin K. eine selbst gebastelte Bombe in einer Telefonzelle installierte und auch zündete. Ergebnis: Totalschaden und eine spätere Rechnung der Telekom über 7 500 Euro an die beiden.

Wegen Herbeiführung einer Sprengstoffexplosion saßen die beiden 18-Jährigen nun auf der Anklagebank des Jugendschöffengerichtes. Beide legten ein volles Geständnis ab, und das Abspielen des stümperhaften Videos im Gerichtssaal war ihnen sichtlich peinlich. Zu sehen war darauf, wie Benjamin K. am frühen Morgen seine aus Schwarzpulver von nicht gezündeten Silvesterböllern und einem 15 Zentimeter langen Rohr gebaute Bombe mit den markigen Worten: „Jetzt werdet ihr mal sehen, was Jugendliche können", in den Rucksack steckte. Danach zog er wie in einem Krimi eine Strickmaske über den Kopf. Dann erfolgte ein Schnitt im Film und die Telefonzelle kam ins Bild und die Anbringung des Sprengkörpers an den Hörer und dessen Zündung.

Zur selben Zeit ließ eine Bewohnerin ihre Katze hinaus. Sie konnte die Flüchtenden beschreiben, und so geriet das Duo bei der Fahndung in die Hände der Polizei. Das anfängliche Leugnen der Bombenleger hatte wenig Sinn, da die zwei die Tat mit ihrer Kamera gefilmt hatten, die nun in den Händen der Beamten war. Der von den beiden inszenierte Thriller fand somit ein ganz anderes Publikum als geplant.

Der zur Zeit arbeitslose Maler Benjamin K. hat inzwischen von seinen Ersparnissen 5 000 Euro an die Telekom gezahlt; Maik V. will den Rest übernehmen.

So wertete das Gericht die Sache als üblen Dummen-Jungen-Streich und beließ es bei einer Verwarnung. Benjamin K. muss 120 gemeinnützige Arbeitsstunden leisten und Maik V., der in der Ausbildung steht, 750 Euro als Buße zahlen.

§§ DROGEN §§§§§§§§§§§§§§§§§§§§§§§§

Aus dem schnellen Euro wurde nichts

Pech hatten Karsten F. (37) und Roger D. (26) mit dem Versuch, den schnellen Euro zu machen. Handel mit Drogen ist lukrativ, dachten sie, aber wie man vor dem Schöffengericht sehen konnte, mit hohem Risiko behaftet. Karsten F. wurde telefonisch angesprochen, ob er nicht Ecstasy und anderen „Stoff" besorgen könne.

Daraufhin setzte er sich mit Roger D. in Verbindung, den er aus einer Disko flüchtig kannte. Dieser Arbeitslose und entsprechend knapp bei Kasse, sah seine Chance und versprach, erst einmal für 700 Euro von einem Bekannten aus einer Mecklenburger Disko das Gewünschte zu besorgen. Beide, nun wegen Handels mit Betäubungsmitteln angeklagt, wussten nicht, dass der eigentliche Auftraggeber – ein gewisser Toralf – ein Scheinkäufer im Auftrag der Polizei war.

Rund einen Monat nach dem ersten Deal bekam Toralf auf Wunsch für 500 Euro Ecstasy-Pillen, um dann den großen Wurf mit der Bestellung von 2 000 Stück landen zu wollen. Roger D. besorgte innerhalb einer Woche immerhin 1 000 Stück, für die er 7 000 Euro vom Zwischenhändler Karsten F. verlangte. Der sollte bei der Weiterveräußerung an den Scheinkäufer 500 bis 1 000 Euro verdienen. Stattdessen wurde er jedoch bei der Übergabe verhaftet und die Drogendealerkarriere der beiden war jäh zu Ende.

Für sie sprach, dass sie bisher nicht vorbestraft waren und einen relativ geordneten Lebenswandel führten. Beide sind gelernte Trockenbauer; D. arbeitet in diesem Beruf und F. wird demnächst einen Job als Kraftfahrer antreten. Dieses stabile soziale Umfeld sowie die Geständigkeit der Angeklagten würdigte die Staatsanwältin in ihrem Plädoyer. Trotzdem könne man hier nicht von Kleinkriminalität reden. Karsten F. hätte dem Toralf weitere größere Mengen zugesichert, auch Kokain, Cannabis etc., wie der V-Mann zuvor als Zeuge bestätigt hatte.

Da der Handel von der Polizei angeregt wurde – solch eine Falle ist durchaus legitim – ging die Anklägerin von einem minderschweren Fall aus. Sie beantragte ein Jahr und sechs Monate Haftstrafe für beide, die zu Bewährung ausgesetzt werden könne. Die beiden Verteidiger gingen in der Hauptsache auf die Methode der Kripo ein, durch Scheinkäufe zu überführen und damit ihre Mandanten unfair angefüttert zu haben. Sie verlangten deshalb geringere Freiheitsstrafen.

Das Gericht verurteilte beide zu einem Jahr auf Bewährung. Neben den von ihnen zu zahlenden Gerichtskosten sind natürlich auch die 7 000 Euro für den Einkauf der heißen Ware ein schmerzhaftes Lehrgeld für die Verurteilten.

§§ DIEBSTAHL §§§§§§§§§§§§§§§§§§§

Gestohlene Maschine dem Besitzer angeboten

Die fünf Angeklagten, die wegen einer gestohlenen Straßenbaumaschine im Wert von 100 000 Euro auf der Anklagebank saßen, versuchten den schwarzen Peter immer einem anderen zuzuschieben: Man habe nur aus Gefälligkeit gehandelt und selbstverständlich nicht gewusst, dass dieses Riesenteil geklaut war. Fünf Freisprüche forderten die Verteidiger. Und das, obwohl ihre Mandanten alle mit dem illegalen Abtransport der etwa 20 Meter langen Siebanlage über den nördlichen Berliner Ring bis Berlin-Marzahn zu tun hatten.

Rudolf S., Geschäftsführer eines Baumaschinenhandels, räumte immerhin ein, Kontakte zum Verkauf der Anlage geknüpft zu haben. Das bereue er auch zutiefst. Mit dem eigentlichen Diebstahl hätte er nichts zu tun, beteuerte der 36-Jährige. Dafür wäre der mitangeklagte Gustav B. (54) zuständig gewesen.

Der hatte die Maschine damals ausspioniert und diese von dem Berliner Dieter K. mit einem Sattelschlepper abfahren lassen. Dieser Berufskraftfahrer hatte den Sattelschlepper dafür von Wolfgang M., dem Fuhrparkchef einer Berliner Firma erhalten. In der Nähe dieses Betriebes in Marzahn habe er die Kiessiebanlage abgesattelt, sagte der 32-Jährige vor Gericht aus. Er habe zu den Papieren für die Zugmaschine auch die Schlüssel für die Siebanlage erhalten und völlig nichtsahnend am hellen Tag diese zusammengebaut und abtransportiert. Gustav B. habe ihm 80 Euro für die Gefälligkeit versprochen. Ebenfalls aus reiner Gefälligkeit habe er den Sattelzug zur Verfügung gestellt, beteuerte wiederum Wolfgang M. den Richtern. Und wieder aus kollegialer Gefälligkeit handelte der fünfte Angeklagte. Dieser Robert Z. (50), ein Branchenkenner, gab Interessenten Kenntnis von der günstigen Gelegenheit, für nur 25 000 Euro die Maschine zu erwerben. So erfuhr auch der bestohlene ursprüngliche Besitzer davon und beauftragte einen Mitarbeiter, sich als Scheinkäufer auszugeben. Der traf am Übergabeort in Marzahn auf Gustav B., der ihm bereitwillig die dort in einem Gewerbegebiet stehende gestohlene Kiessiebanlage zeigte. Während der angebliche Käufer noch versuchte, den Preis zu drücken, rückten sternförmig grünweiße Autos an. Die Polizisten bereiteten dem Deal ein jähes Ende.

Für die Richter waren drei der Angeklagten des gemeinschaftlichen Diebstahls schuldig und, bedingt durch einschlägige Vorstrafen, erhielten Gustav B. ein Jahr und sechs Monate, Wolfgang M. zwei Jahre und Rudolf S. ein Jahr Freiheitsstrafe. Da der Fall schon vier Jahre zurück lag, wurde Bewährung gegeben. Dieter K. und Robert Z. wurden wegen mangelnder Beweise freigesprochen.

KÖRPERVERLETZUNG

Vater würgte Lehrerin

Für die Englischlehrerin Sabine G. begann das Schuljahr nicht glücklich. Während sie in der siebten Stunde eine 10. Klasse unterrichtete, rief Victor T. sie hinaus auf den Schulflur. Er beschwerte sich über Fehlstunden seiner Tochter, die von der Pädagogin festgeschrieben worden waren. Mit dem Hinweis, dass er sich in dieser Sache an den Schulleiter wenden solle und sie wieder in die Klasse müsse, ließ sie ihn stehen.

Wenig später flog die Klassentür auf und der empörte Vater stürmte auf die 36-Jährige zu. Er griff zum Hals der Lehrerin und drückte dabei ihren Kopf an die Tafel. Mit etwa den Worten: „Wenn das nochmal passiert" – gemeint sind die Fehlstunden seiner Tochter – "dann kann ich auch anders", drohte der Mann der Lehrerin. Die Schüler verfolgten geschockt das Geschehen. Die Tochter des Angreifers griff in den Arm ihres Vaters und schrie ihn an: „Papa, spinnst du?" Erst als eine Kollegin, durch den Tumult angelockt, zu Hilfe kam, endete der Angriff. Weitgehend übereinstimmend beschrieben zwei Schülerinnen und ein Schüler als Zeugen dieses Szenario. Auch der Angeklagte hatte in seiner Einlassung zugegeben, an den Hals der Frau gegriffen zu haben. Der Hartz IV-Empfänger begründete seinen Ausraster damit, dass Sabine G. ihm nicht gebührend zugehört und dass sie öfter den Klassenraum nach Stundenbeginn zugeschlossen habe. So wären die Fehlstunden seiner Tochter zustande gekommen, obwohl es vielleicht nur Minuten waren, die das Mädchen von der Pause zu spät gekommen sei. Sabine G. hatte nach diesem Vorfall neben Schmerzen an der Halswirbelsäule verstärkt psychische Probleme. Sie war drei Monate krank geschrieben und danach nicht voll belastbar – arbeitete erst nach dem so genannten "Hamburger Modell" (weniger Pflichtstunden). An dem Prozess nahm sie mit einem Anwalt an ihrer Seite als Nebenklägerin teil.

Die Staatsanwältin befand in ihrem Plädoyer eine Geldstrafe für ausreichend. Der Angeklagte war weitestgehend geständig und ist seit 10 Jahren nicht mehr strafrechtlich auffällig gewesen, hielt die Anklägerin ihm zu Gute. 40 Tagessätze zu 12 Euro, also 480 Euro wären angemessen. Dem stimmte das Gericht in seinem Urteil zu. Außerdem muss der 55-Jährige mit einer Schmerzensgeldforderung der Lehrerin rechnen – die Höhe muss aber ein Zivilgericht entscheiden.

§§ ALIMENTE §§§§§§§§§§§§§§§§§

Papa zahlt nicht für seine Tochter

Dass die Verletzung der Unterhaltspflicht kein Kavaliersdelikt ist und auch mit einer Freiheitsstrafe geahndet werden kann, musste am Amtsgericht ein junger Mann erfahren.

Manfred I. lebt jetzt in Berlin mit einer Freundin und deren zwei Kindern zusammen, und offensichtlich hat er seine sechsjährige Tochter in dem kleinen Dörfchen nördlich der Großstadt darüber völlig vergessen. Seit über zwei Jahren hat er keinen einzigen Euro Unterhalt gezahlt. Die Mutter, Petra K., musste sich an das Jugendamt wenden und erhält seitdem einen Vorschuss für ihre Tochter. Das Jugendamt stellte dann Nachforschungen an und konnte über die Krankenkasse den Wohnort und das Arbeitsverhältnis des säumigen Vaters erfahren. Dieser arbeitete durchgängig – bis auf 14 Tage Unterbrechung durch Arbeitslosigkeit – als Schlosser mit einem Monatsgehalt von 1 300 bis 1 500 Euro netto. Der 28-Jährige wurde deshalb vom Amtsgericht vorgeladen. Dort versprach er hoch und heilig, seinen Pflichten nachzukommen. Doch obwohl er Anschrift und Telefonnummer der Mutter seiner kleinen Tochter erhalten hatte, ließ er wieder nichts von sich hören, suchte in keiner Weise eine Verbindung und zahlte weiterhin keinen Cent.

Gerade diese Hartnäckigkeit, mit der er sich seinen Pflichten entzog, wirke sich erschwerend auf das Urteil aus, begründete der Richter die Freiheitsstrafe von fünf Monaten – und blieb damit sogar einen Monat über dem Antrag der Staatsanwältin in seinem Urteil. Da Manfred I. bisher nicht vorbestraft und geständig war, konnte die Strafe zur Bewährung ausgesetzt werden. Diese wurde auf drei Jahre festgelegt, in denen er nun pünktlich den vom Jugendamt festgelegten Unterhalt monatlich bezahlen muss. Außerdem ist der vom Jugendamt bisher gezahlte Vorschuss inzwischen auf fast 4 000 Euro angewachsen, die er in monatlichen Raten von 75 Euro abzuzahlen hat.

§§ BRANDSTIFTUNG §§§§§§§§§§§§§

Gefängnis für Brandstifter

Als der Staatsanwalt im Verfahren gegen zwei Brandstifter seine Strafanträge stellte, wurden schon mal verstohlen einige Tränen von den Zuschauern im Gerichtssaal zerdrückt – offensichtlich Verwandte und Freunde der beiden Angeklagten. Denn der Ankläger verlangte drei Jahre für Martin F. und zwei Jahre und drei Monate Jugendstrafe für Marcel B..

Die Schuldfrage war klar. Die Angeklagten hatten gestanden. Martin F. hatte die Kellerräume eines Wohnblocks der Kreisstadt und drei Stunden später mit Marcel B. in der gleichen Straße ein Mehrfamilienhaus angezündet. Dieses Haus brannte nahezu aus, die beiden darin wohnenden Mieter mussten durch die Feuerwehr gerettet werden.

Für diese Taten konnten die Brandstifter keine konkreten Motive nennen, vielmehr versuchten sie, dem in dieser Nacht reichlich genossenen Alkohol die Schuld zu geben. Dem widersprach ein Gutachter aus Berlin. Er könne eine verminderte Schuldfähigkeit aufgrund des Alkoholgenusses nicht attestieren. Auch ihre geistige Verfassung, ihre durchaus normalen Kindheitsentwicklungen in geordneten Familienverhältnissen ließen keine Schlüsse auf die Brandlegungen zu.

Sicher sei der 18-jährige Marcel B. mit seinem bisherigen bequemen Leben bei den Eltern ohne Beruf und Arbeit nicht gerade als strebsamer junger Mensch zu bezeichnen, aber er sei auch in keiner Weise ein schwachsinniger Pyromane, führte der Gutachter weiter aus. Der 19-jährige Martin F. hatte die 10. Klasse gut abgeschlossen, dann allerdings seine Lehre nicht zu Ende geführt. Er leistete zur Tatzeit seinen Dienst bei der Bundeswehr, um über diesen Umweg einen Beruf zu erlernen, den er für sein Traumziel, Feuerwehrmann zu werden, benötigt. Durch seinen Vater ermuntert, dieser ist Berufsfeuerwehrbrandmeister, war Martin F. bei der freiwilligen Feuerwehr der Stadt. In dieser verhängnisvollen Nacht hat er sich selbst um seinen Traumberuf gebracht.

Über die Strafe und den Makel des Vorbestraftseins hinaus müssen die beiden jungen Männer einen Großteil ihres Lebens mit dem Existenzminimum an Geld auskommen. Der angerichtete Schaden muss von ihnen beglichen werden. Er beträgt nach Schätzungen mehrere hunderttausend Euro.

Das Jugendschöffengericht wandte auf Vorschlag der Jugendgerichtshilfe das Jugendstrafrecht für die so genannten Heranwachsenden an und verurteilte Martin F. zu zweieinhalb Jahren und Marcel B. zu zwei Jahren Jugendfreiheitsstrafe.

Der Fluchtwagen sprang nicht an

Ein Geldbote einer Baufirma mit Lohngeldern in Höhe von 25 000 Euro, die für ausländische Arbeiter auf einer Nordberliner Baustelle bestimmt waren, wurde von zwei Männern überfallen und beraubt. Einer dieser beiden, Carlos S., ein im Kongo geborener Belgier, stand deshalb vor der 1. Strafkammer des Landgerichtes. Der andere trat während der Hauptverhandlung als Zeuge auf, da er schon eine Strafe von zwei Jahren und neun Monaten wegen dieser Sache verbüßt hat. Der Angeklagte war drei Jahre in Belgien untergetaucht.

Michael D. hatte eine ordentliche Anstellung als Sprachmittler und Bauarbeiter auf der Baustelle. Dort lernte er den Geldboten Albert G. kennen, der ihm besonderes Vertrauen entgegenbrachte. Über ihn bekam er auch Kenntnis über die Höhe der Lohngelder und die Zahltage.

Dieses Wissen teilte er seinen mittellosen Freunden mit, und so wurde der Plan gefasst, den 54-Jährigen auf dem Weg vom S-Bahnhof zur Baustelle zu überfallen. Carlos S. verfolgte mit seinem Komplizen unauffällig den später Geschädigten. Er schlug den völlig überraschten Geldboten von hinten mit einem Gummiknüppel auf den Kopf. Der Angegriffene ging nicht wie erwartet gleich zu Boden, worauf der 28-Jährige nochmals zuschlug. Sein Komplize kam von vorn zu Hilfe und schlug auf das Opfer mit einem Holzknüppel ein und entriss ihm die Geldtasche, die der Mann immer noch tapfer verteidigte.

Die Täter flüchteten, wurden aber von dem stark blutenden Albert G. verfolgt. In panischer Angst merkten sie, dass sie die Aufmerksamkeit von Passanten auf sich zogen, ließen die Beute fallen und rannten zu ihrem Auto, das in der Nähe mit gut sichtbarem Nummernschild geparkt war. Dieses sprang peinlicherweise nicht mal an und der beherzte Geldbote kam immer näher. Ihnen blieb nur die Flucht zu Fuß in den nahe gelegenen Wald. Aufgrund der Fahrzeugnummer konnten sie jedoch schnell von der Polizei ermittelt werden. Dem Angeklagten gelang es allerdings zu fliehen und sich bei einer Freundin in Lüttich zu verstecken.

Die Vergangenheit holte Carlos S. jedoch ein, und er legte nun vor Gericht ein volles Geständnis ab. Er bat Albert G. unter Tränen um Verzeihung, der die Entschuldigung großmütig annahm.

In den Jahren seiner Illegalität hat der junge Mann durch die Kirche Halt gefunden. Die hat ihn auch beeinflusst, sich selbst zu stellen. So kam es zu einem milden Urteil von zwei Jahren auf Bewährung. Somit kann nach sieben Monaten Untersuchungshaft Carlos S. zu seinen neuen Freunden wieder nach Hause.

§§ BELEIDIGUNG §§§§§§§§§§§§§§§§

Expartner bekennt sich zu „Überreaktion"

Offensichtlich hatte der 60-Jährige die Trennung von seiner Lebensgefährtin nicht verkraftet – Liebe schlug in Hass um. Für das Gericht sind solche Beziehungsdramen rational schwer nachzuvollziehen, es muss sich an Fakten halten und die sprachen eindeutig gegen den Angeklagten. Dieser bestritt auch nicht, das beleidigende weiße türgroße Schild mit der Aufschrift „Hass + Tod der Hure R. N." am Ortsausgang gut sichtbar an der viel befahreen Chaussee aufgestellt zu haben.

Rosemarie N., die ehemalige Lebensgefährtin des Schildermalers, las dieses Transparent auf dem Weg zur Arbeit. Für sie war es klar und sicher auch für viele Dorfbewohner, dass mit R. N. nur sie gemeint sein könne und der diffamierende Text von Ludwig E., ihrem Ex stammen müsse. Da sie sich von diesem schon vor zwei Jahren getrennt hatte und deshalb von ihm des öfteren beschimpft und belästigt wurde, erstattete sie Anzeige. „Um endlich Ruhe zu haben", erklärte die 55-Jährige dem Gericht. Aufgrund dieser Anzeige erhielt der Störenfried einen Strafbefehl in Höhe von 200 Euro. Diese „lächerliche" Summe wäre er ohne weiteres bereit zu zahlen, sagte etwas großspurig der Angeklagte. Er hätte aber mit R. N. eine andere Frau gemeint und deshalb erkenne er den Strafbefehl nicht an und habe fristgemäß Einspruch erhoben.

Die Richterin und die Staatsanwältin hörten sich das einigermaßen verblüfft an. Die Vorsitzende sagte dann auch, dass er als Angeklagter erzählen kann was er will, aber die Zeugen zur Wahrheit verpflichtet seien. So musste Marlies P., die vermeintlich andere R. N. in den Zeugenstand, die den Beschuldigten über ihren Spitznamen „Rosi Nett" im Internet kennen gelernt hatte. Es war nur eine lose Bekanntschaft, erzählte die 29-Jährige. Sie habe mit ihm manchmal Klavier gespielt und einiges dabei von ihm lernen können. Ansonsten habe sie sich aber bald wieder zurückgezogen, da er ihr zu aufdringlich wurde. Eine Liebesbeziehung gab es nicht, sagte sie weiter aus.

Die Darstellung des Angeklagten, wonach sich die Initialen R. N. auf die junge Frau beziehen sollten, glaube sie nicht, sagte die Staatsanwältin in ihrem Plädoyer. Das sei eine klassische Schutzbehauptung. Der Angeklagte habe auch in der Verhandlung seine aggressive, beleidigende Art gezeigt. Für ihn spricht lediglich, dass er bisher straffrei durchs Leben gegangen ist. Mit seinem letzten Wort: „Tut mir leid, ich neige zu Überreaktionen", lenkte der Angeklagte dann auch ein und akzeptierte das Urteil, das die 200 Euro des Strafbefehls bestätigte.

FAHRLÄSSIGE TÖTUNG

Todesfahrer vor Gericht

„Die Autobahn sah wie ein Schlachtfeld aus", so beschrieb ein Feuerwehrmann das grausige Bild nach dem Unfall auf der A 24.

Die Beweisaufnahme während der drei Verhandlungstage hatte klar ergeben, dass der jetzt in Berlin lebende Berufskraftfahrer ungebremst in ein Stauende gerast war. Sein Neoplan-Reisebus war dabei 100 Stundenkilometer schnell. In dem letzten Fahrzeug des Staus, einem VW-Bus, saßen fünf Kinder zwischen 8 und 13 Jahren und ein Ehepaar, der Mann am Steuer. Durch den Aufprall des 16 Tonnen schweren Busses wurden die Kinder sofort getötet – das Ehepaar überlebte schwer verletzt. Der völlig zertrümmerte Kleinbus wurde gegen die vor ihm stehenden Pkw geschleudert, deren Insassen ebenfalls erheblich zu Schaden kamen. Der eigentliche Auslöser des Staus, eine junge Hamburgerin mit ihrem roten Polo, der quer zur Fahrbahn stand, wurde vom Reisebus mit immer noch hoher Geschwindigkeit voll gerammt. Die 22-jährige junge Fahrerin starb noch am Unfallort, obwohl ein Arzt aus einem der im Stau stehenden Autos sofort Hilfe leistete. Vorher hatte seine Frau, eine Krankenschwester, die zu dem Unfallwagen gerannt war, helfen wollen.

Dabei wurde sie von dem heranrasenden Bus durch die Luft geschleudert und schwer verletzt. Sie ist bis heute nicht arbeitsfähig und trat ebenfalls als Nebenklägerin auf – auch weil ihr bis heute ein Unfallgeld verwehrt wird. Die dritte Nebenklägerin war die Mutter der Polofahrerin. Sie sah allerdings auch, dass der Angeklagte mit seiner schweren Schuld bis zu seinem Lebensende gezeichnet ist. Darauf verwies der Verteidiger und bat um ein mildes Urteil, zumal sein Mandant in 24 Berufsjahren als Kraftfahrer untadelig geblieben sei. Der Angeklagte betonte, wie leid ihm das alles tue und konnte sein letztes Wort tief bewegt nicht zu Ende bringen.

Zwei Jahre Freiheitsstrafe, die zur Bewährung ausgesetzt wird, lautete das Urteil des Schöffengerichtes. Die Vorsitzende Richterin sagte in der Urteilsbegründung, dass der Angeklagte durch seinen „außerordentlich verhängnisvollen Fehler Grauen, Entsetzen und unendliches Leid verursacht habe", aber trotzdem eine vom Staatsanwalt geforderte nach außenhin abschreckende Strafe – er hatte zwei Jahre und neun Monate ohne Bewährung beantragt – nicht erforderlich sei. Die soll andere von Straftaten abschrecken. Das träfe aber in diesem Fall nicht zu. Anders wäre die Lage, wenn Alkohol, Drogen, Medikamentenmissbrauch oder Leichtsinn eine Rolle gespielt hätten.

§§ DIEBSTAHL §§§§§§§§§§§§§§§§§§§

Feuerholz

Es ist Herbst und jeder denkt spätestens jetzt an seinen Wintervorrat Feuerholz, aber natürlich auch daran, es redlich zu bezahlen. Anderenfalls muss man seine warme Stube eventuell mit einer ungemütlichen Gefängniszelle tauschen. Beinahe wäre es für Arnold Z. dazu gekommen. Er stand vor dem Amtsgericht wegen gemeinschaftlich begangenen Diebstahls.

Die Tat schilderte der 28-Jährige mit leiser Stimme folgendermaßen: Am Abend sei er aus Gefälligkeit mit seinem Kumpel in den Wald gefahren, um Brennholz zu holen. Der Freund fuhr dazu ein Multicar. Nach ca. eineinhalbstündiger Fahrt in der Dunkelheit fanden sie einen Stapel Eichenholz. Beim Aufladen der Stämme habe er dann ein zweites Fahrzeug bemerkt – zufällig auch ein Multicar – aber er kenne den Fahrer nicht. Als sie aus dem Wald kamen, wurden sie vom Förster angehalten. Das zweite Fahrzeug sei in einem Waldweg verschwunden. Der Revierförster sagte als Zeuge aus: Er habe am Tatabend den Anruf eines Bürgers erhalten, der ihm verdächtige Aktivitäten im Forst meldete. Er hatte Scheinwerferlicht im dunklen

Wald gesehen und metallische Klopfgeräusche gehört, so als ob ein Auto ausgeschlachtet würde. Deshalb sei er nicht gleich in den Wald gefahren, sondern habe die Polizei benachrichtigt.

Dann kamen auch schon die beiden Fahrzeuge in geringem Abstand voneinander auf ihn zu. Er habe das erste gestoppt und den Angeklagten und dessen Kumpel festgehalten. Das andere Auto habe gewendet und sei in den Wald geflüchtet. Bei der Verfolgung der tiefen Wagenspuren fand sich dann ein offensichtlich gerade abgeladener ähnlicher Stapel Eichenholz. Es war Eichenindustrieholz, etwa zwei Festmeter im Wert von 60 Euro, die jedes der Fahrzeuge geladen hatte. Auch ihm gegenüber behauptete Arnold Z., den anderen Fahrer nicht zu kennen. Der Staatsanwalt machte dem Angeklagten klar, dass er nicht daran glaube, dass ein zweites Multicar rein zufällig zur gleichen Zeit im Forst unterwegs war. Es sei ein geplanter Diebstahl gewesen und er müsse auch den anderen Fahrer kennen. Sein Teilgeständnis reiche nicht aus, um nochmals Bewährung zu bekommen. Erst jetzt besann sich Arnold Z.. Kleinlaut entschuldigte er sich und nannte auch den Namen des anderen Holzdiebes.

Das Urteil lautet: Drei Monate Freiheitsstrafe, die das Gericht trotz er-heblicher Bedenken nochmals für drei Jahre zur Bewährung aussetzte und berücksichtigte damit wohlwollend die späte Einsicht des Angeklagten. Ein Bewährungshelfer wird ihm zur Seite gestellt und er muss 150 gemeinnützige Arbeitsstunden leisten.

§§ BETRUG §§§§§§§§§§§§§§§§§§§§§§§§

60 000 Euro ergaunert

„Das ist schwere kriminelle Energie, die hier zu Tage tritt", sagte die Vorsitzende Richterin, nachdem sie das Betrügerpärchen zu je drei Jahren Gefängnis verurteilt hatte. Kevin S. und Susanne T. hatten innerhalb eines Jahres über 350 Betrugshandlungen ausgeführt.

Der 32-Jährige hat zusätzlich Scheckkartenbetrug und Urkunden-fälschung auf dem Kerbholz. Würde man jede einzelne Straftat mit der Mindeststrafe belegen, so kämen für Kevin S. unglaubliche 128 Jahre Freiheitsstrafe heraus, rechnete der Staatsanwalt in seinem Plädoyer dem blass gewordenen Angeklagten vor.

Auch seine Lebensgefährtin wäre mit über 100 Jahren Knast dabei. Nun gibt es in der deutschen Rechtsprechung diese Addition der Einzeltaten nicht, sondern es wird eine Gesamtstrafe gebildet. Die hielt der Ankläger mit drei Jahren Freiheitsentzug für angemessen; für die 29-jährige Frau die gleiche Höhe, weil sie einschlägig vorbe-straft ist.

Der Angeklagte schilderte bei den Fragen zur Person ausführlich sei-nen Werdegang bis zu seiner Inhaftierung. Nach der Wende habe er seine Maurergesellenprüfung bestanden und in diesem Beruf viel im Ausland gearbeitet und gut verdient. Dann lernte er in Berlin Su-sanne T. kennen und blieb im Lande. Er gründete eine eigene Bau-firma, die dann allerdings Pleite ging.

Mit seiner Lebensgefährtin eröffnete er dann einen Second-Hand-Laden. Auch der lief nicht sonderlich gut. Die Mietschulden wuch-sen schnell auf 10 000 Euro an. Da kam ihnen die Idee, dass mit der Gutgläubigkeit der Menschen leichter Geld zu verdienen sei. Tele-fonisch warben beide Kunden, denen sie preisgünstige elektronische Geräte versprachen und für die sie im Voraus eine Provision von jeweils 41,88 Euro kassierten. Die Geräte existierten nur in der Fantasie der beiden.

Ähnlich handelte das Paar unter falschen Namen mit Golfschlägern, Kaffeemaschinen, hochwertigen Taucheruhren, Gesundheitssäften und vielem mehr bei Ebay. Mit einer gefundenen Kreditkarte kaufte Kevin S. hemmungslos ein. So ergaunerten sich die Angeklagten an die 60 000 Euro.

Selbst nach einer Hausdurchsuchung durch die Polizei machten die beiden munter weiter. Das bewertete das Gericht als besonders dreist. Deshalb konnte die Reue, die beide jetzt zeigten – „Ich habe Bockmist gemacht und will dafür gerade stehen", sagte der An-geklagte – nicht voll überzeugen. Hoch angerechnet wurden ihnen dagegen ihre volle Geständigkeit, die für den Prozess trotz riesiger Aktenberge nur zwei Tage erforderlich machte.

Dauergast auf der Anklagebank

Ein am Amtsgericht wohlbekannter Rechtsanwalt hat sich gesteigert. Lag als Angeklagter sein bisheriger Rekord bei zehn Verhandlungstagen für die Vereitelung einer Zwangsvollstreckung, für die er sich acht Monate Freiheitsstrafe einhandelte, so brachte er es in einem neuen Verfahren auf 16 Fortsetzungen. Diese Marke dürfte in die Geschichte des Gerichtes eingehen, zumal es sich nur um ein Einspruchsverfahren handelt.

Der 55-Jährige war wegen Nötigung und Diebstahls angezeigt worden und erhielt deshalb einen Strafbefehl von 70 Tagessätzen zu 150 Euro. Dem widersprach der Jurist und so kam es zu diesem Prozess, zu dem der Vorsitzende sagte, dass er davon normalerweise sieben Stück an einem Tag verhandelt. Mit immer neuen Beweisanträgen und Zeugen belehrten der Angeklagte und sein Verteidiger den Richter eines Besseren. Dabei ist der Fall, der Auslöser des Verfahrens war, simpel:

Der Angeklagte betrat an einem Abend in Begleitung weiterer „Herren" ein Hotel im Berliner Norden und forderte den diensthabenden Angestellten unmissverständlich auf, das Haus sofort zu verlassen. Er legte dem Mann einstweilige Verfügungen vor, die ihm nach seiner Auffassung das Besitzerrecht zusprachen.

Der Anwalt war zu der Zeit Geschäftsführer einer GmbH, der das Hotel gehörte und die es an ein Gastronomenehepaar verpachtet hatte. Diese wurden von ihrem aufgeregten Mitarbeiter angerufen, bevor er zwangsweise von den „Herren" aus dem Hotel geführt

wurde. Die Pächter erschienen zusammen mit der Polizei. Die Beamten brachten Ruhe in die tumultartige Stimmung an der Rezeption und fanden im Kofferraum des Angeklagten dem Hotel gehörende Unterlagen – Veranstaltungshefter, Telefonbücher und mehr.

Juristisch ist das Nötigung und Diebstahl, machten dem Angeklagten der Staatsanwalt und der Richter klar. Er als Rechtsanwalt müsste das am besten wissen. Für solche Streitigkeiten sind die Gerichte, Gerichtsvollzieher und Polizei da – Selbstjustiz ist strafbar.

Sechs Monate Freiheitsstrafe lautete nach diesem Verhandlungsmarathon der Richterspruch. So gesehen hat sich der Advokat trotz aller juristischer Finessen verschlechtert und wird für längere Zeit ins Gefängnis müssen, wenn auch noch seine anderen Verurteilungen dazu kommen und rechtskräftig werden.

RECHTSRADIKAL

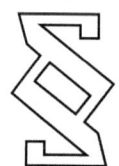

Blasse Gesichter nach Urteil

Auch für das Amtsgericht steht das Fest vor der Tür, die drei 29-Jährigen auf der Anklagebank sind aber wahrlich keine weihnachtlichen Unschuldsengel. Ihre Vorstrafenregister reichen vom Fahren ohne Fahrerlaubnis bis zum versuchten Mord! Das Trio musste sich wegen Volksverhetzung, Verwendung von verfassungsfeindlichen Kennzeichen und Widerstand gegen Vollstreckungsbeamte verantworten.

Die Angeklagten waren mit einem 18-Jährigen zum griechischen Restaurant einer Kleinstadt in der Schorfheide gegangen. In der Nähe der Gaststätte grölten die drei einen gereimten ausländerfeindlichen Spruch, der besonders flott über ihre Lippen kam, da sie ihre Stimmen schon mit reichlich Bier geölt hatten. Von der Wirtin verlangten sie Schnaps, den diese schon aus Angst vor Randale ausschenkte. „Aus Dank" beleidigten die ungebetenen Gäste die Frau, die schließlich die Polizei rief. Die Beamten sprachen den Krakeelern Platzverweise aus.

Nun zogen die Männer in Richtung Zentrum, vorbei an einem gut besuchten Ausflugslokal. Dessen Wirt fing die stark Alkoholisierten auf der Terrasse ab, worauf sie eine antisemitische Naziparole von sich gaben und sich höhnisch mit „Sieg Heil" verabschiedeten. Die Gäste, teilweise Touristen aus den Altbundesländern, waren darüber so empört, dass sie Anzeige erstatteten.

Die Polizei stellte die Täter und nahm sie vorläufig fest. Mit Ausnahme des Mitläufers widersetzten sich die anderen und wurden handgreiflich. Den geschilderten Ablauf der Handlungen bestätigten übereinstimmend alle Zeugen. Nur der 18-jährige Jugendliche war wegen seiner passiven Haltung am Tattag nicht angeklagt, aber Zeuge in dem Prozess.

Er hätte nichts Fremdenfeindliches gehört, noch etwas vom Widerstand seiner Kumpels bei der Verhaftung gesehen. Trotz der eindringlichen Ermahnung des Staatsanwaltes, als Zeuge die Wahrheit zu sagen, blieb der Jugendliche bei seiner Haltung. Daraufhin ließ der Ankläger ihn, zum Entsetzen der im Saal sitzenden Sympathisanten, wegen meineidlicher Falschaussage noch im Gerichtssaal festnehmen. Er wird Weihnachten aus falsch verstandener Kumpanei nun hinter Gittern verbringen.

Sie hätten damals einen gemütlichen Nachmittag verlebt, den „Griechischen Wein" gesungen, doch niemanden beleidigt, wollten die Angeklagten die Sache verharmlosen. Auf die Frage der Vorsitzenden, wie sie denn politisch stünden, kam die Antwort: „Na, neutral". Einer, mit dem bezeichnenden Spitznamen „Göring", machte allerdings aus seiner rechten Gesinnung keinen Hehl.

Der Staatsanwalt machte in seinem Plädoyer dann Schluss mit der „Gemütlichkeit" und sah alle drei für schuldig an. Durch sie sei der Region großer Schaden zugefügt worden. Er verlangte für die vorbestraften und unter Bewährung stehenden Angeklagten Freiheitsstrafen von acht bis zwanzig Monaten. Eine Strafaussetzung käme nicht in Frage. Spätestens an dieser Stelle rollten nun doch die ersten Tränen bei einigen weiblichen Zuschauern und die Gesichter der Angeklagten wurden lang. Völlig blass waren sie, als die Richterin in ihrem Urteil die Anträge des Staatsanwaltes bestätigte.

Paketzusteller
behielt Einnahmen

Als das schwarze Schaf in der Familie entpuppte sich Paul Z.. Mit Familie ist sein Arbeitgeber, die Deutsche Post AG, gemeint. Als Paketzusteller hat er in 33 Fällen das Geld für Nachnahmesendungen unterschlagen. Es entstand ein Schaden von mehr als 7 000 Euro.

Der 40-Jährige wurde nach einer aufwändigen sechsstündigen Beweisaufnahme, zu der 18 Zeugen geladen waren, für schuldig befunden und erhielt acht Monate Freiheitsstrafe. Da er bisher nicht vorbestraft war, wurde diese zur Bewährung ausgesetzt.

Der Angeklagte muss 500 Euro an einen gemeinnützigen Naturschutzverein zahlen oder 100 Arbeitsstunden dafür leisten, hieß es weiter im Urteil. Außerdem muss der Berliner die in diesem Fall nicht unerheblichen Prozesskosten tragen – Fahrkosten und Verdienstausfall der Zeugen; einer kam eigens aus der Schweiz angereist. Dieses Geld hätte sich der Angeklagte mit einem umfassenden Geständnis schon vor der Hauptverhandlung sparen können. So zog er mit seiner „Salamitaktik" den Prozess unnötig in die Länge, so dass der Vorsitzende alle 33 Fälle durchgehen und die vielen Zeugen vorladen musste. Zwölf Taten räumte der Angeklagte ein, die anderen bestritt er. Erst als Doris A., zuständige Sachbearbeiterin für Sicherheit vom Hauptpostamt mit ihrem dicken Aktenordner unter dem Arm in den Zeugenstand trat, gab der Angeklagte Stück für Stück nach. Die Recherchen der Postbeamtin waren überzeugend für die Prozessbeteiligten, und Paul Z. wurde zusehens kleinlauter in seinen Unschuldsbehauptungen.

Aus der Aussage der Zeugin ging hervor, dass der Angeklagte innerhalb eines Jahres als Paketzusteller meistens als Springer (Urlaubsvertretung) tätig war. Für diesen Zeitraum häuften sich Reklamationen von Lieferanten, die Waren per Nachnahme an Kunden versandt hatten, aber von denen kein Geld erhielten. Die Kunden bestätigten wiederum, dass sie bar an den Zusteller bezahlt hatten. Bei der Nachforschung fiel auf, dass immer solche Unstimmigkeiten bei Touren des Angeklagten passierten. Letztendlich überführt werden konnte er durch entsprechende Tourenpläne und die Identitätsnummer seines Scanners, führte die 35-Jährige weiter aus. Der Angeklagte, der 23 Jahre ohne Beanstandungen bei der Post arbeitete, gab Geldsorgen für sein Handeln an. Er muss nun auch noch mit disziplinarischen Maßnahmen und beamtenrechtlichen Konsequenzen rechnen.

§§ RAUB §§§§§§§§§§§§§§§§§§§§§§§§§

Echte Reue eines Erpressers

Mit nur zwei Jahren Gefängnis auf Bewährung honorierte das Schöffengericht die echte Reue des Angeklagten. Er hatte die Tankstelle seines Wohnortes mit vorgehaltener Schreckschusspistole überfallen und 2 335 Euro erbeutet. Kurze Zeit später stellte sich der 40-Jährige auf Anraten eines Freundes freiwillig der Polizei. Bei der ihm bekannten Tankstellenpächterin entschuldigte er sich einige Tage danach mit einem Blumenstrauß.

Am Tattag trank Volker T. übermäßig viel Bier, so an die 10 bis 15 halbe Liter, erklärte er den Richtern. Er war deprimiert, weil er noch nicht einmal das Geld für seinen vierjährigen Sohn für einen Rummelbesuch im Ort hatte. Am späten Nachmittag, fuhr der Angeklagte fort, nahm er sein Fahrrad und irrte in der Gegend herum. Plötzlich war er in der Tankstelle und er könne sich auch erinnern, dass ein Mann sich vor ihm auf die Erde warf. Weitere Einzelheiten wollte er nicht mehr wissen.

Hier konnte die überfallene Kassiererin sehr genaue Angaben zum Geschehen geben: Der Angeklagte betrat gegen 17 Uhr 55 die Tankstelle mit einer über das Gesicht gezogenen Kinderzipfelmütze. In der Hand hielt er einen Trommelrevolver, mit dem er auf den einzigen Kunden zielte. Ihr gab er einen Plastebeutel mit der Aufforderung, den Kasseninhalt hinein zu tun und half mit einer Hand dabei. Dann flüchtete er mit seinem Fahrrad und stürzte zweimal auf den Sandweg. Sie habe den Täter trotz der Maskierung an seinen Augen erkannt, sie kenne ihn schließlich schon von Kindheit an, schloss die Zeugin ihre Aussage. Volker T. erzählte den Fortgang des Abends. Er habe das Geld nach Hause gebracht und sei sofort zu seinem Freund gefahren. Dem habe er die Geschichte gebeichtet. Der gab ihm den guten Rat, sich sofort zu stellen, um noch größeren Schaden zu verhindern. Das tat der zu der Zeit arbeitslose Tischler dann auch.

Fünf Stunden nach dem Überfall ergab die Alkoholkontrolle 1,54 Promille, so dass man zur Tatzeit von ca. 2,4 bei dem Angeklagten ausgehen muss, schlussfolgerte der Staatsanwalt. Auch die schnelle Reue und die Geständigkeit halte er ihm zu Gute. Das Geld für die 15 Flaschen Bier hätte allerdings auch das Rummelgeld sein können, gab der Ankläger zu bedenken. Trotzdem bleibe es eine schwere räuberische Erpressung. Der Verteidiger beantragte zwei Jahre, die dann zur Bewährung ausgesetzt werden könnten. Er sehe in dem Angeklagten keinen Schwerverbrecher. Das Gericht folgte dem, auch wegen des ungewöhnlichen Umstandes, dass ein Täter sich trotz einer zu erwartenden hohen Strafe offenbart.

BEDROHUNG

Schwarzer Humor teuer bezahlt

Per Fax schickte Peter F. einer Gerichtsbeamtin einen satirischen Dialog mit dem Titel „Die erschlagene Frau". Die 27-Jährige, die mit Vollstreckungen gegen den Absender zu tun hatte, fühlte sich durch den Text dieses Pamphletes bedroht und nach Beratung mit ihren

Vorgesetzten erstattete sie Anzeige. Richterin und Staatsanwalt befanden nach der Beweisaufnahme den Versicherungsmakler schuldig und verurteilten ihn zu 900 Euro Geldstrafe.

Der 46-Jährige fand die Art seines schwarzhumorigen Protestes gegen die aus seiner Sicht schikanöse Behandlung durch die Rechtspflegerin nach wie vor lustig und gelungen. Die Folgen seiner Handlung habe er nicht beabsichtigt, Angst wollte er der jungen Frau nicht machen, führte er als Entschuldigung an. Die Gelegenheit, sich bei dem Opfer im Gerichtssaal zu entschuldigen, überging er aber arrogant mit aufgesetzter Unschuldsmiene.

Peter F. hat Schulden, viele Schulden und entsprechend viele Gläubiger, die naturgemäß ihr Geld zurück haben wollen. Durch Gerichtsbeschluss werden in solchen Fällen Vermögenswerte gepfändet und Konten des Schuldners gesperrt. Dafür ist am Amtsgericht die Abteilung Vollstreckung zuständig. Mit dieser Behörde hatte der Angeklagte vornehmlich schriftlich zu tun und dann per Telefon mit der Mitarbeiterin, die er später bedrohte. Seine Anträge auf Teilfreistellung seiner Konten wären durch sie unnötig langsam bearbeitet worden, beklagte er sich.

Zwei Dienstaufsichtsbeschwerden hatte er daraufhin geschrieben. Beide wurden nach eingehender Prüfung abgewiesen, erklärte die Justizbeamtin dagegen als Zeugin. Eine weitere Beschwerde reichte der Verschuldete am Landgericht ein. Das bestätigte die korrekte Bearbeitung der vom Angeklagten kritisierten Vorgänge. Die Telefongespräche zwischen ihnen waren immer sachlich und höflich, sagte sie weiter aus. Eines Tages stand dann der Angeklagte in ihrem Büro und übergab ihr die Kopie eines weiteren Briefes an die Amtsgerichtsdirektorin. Einen Tag später erhielt sie das erwähnte Fax. Fassungslos über dessen Inhalt, den sie als Morddrohung verstand, ließ sie sich unter Polizeischutz stellen und später in eine andere Abteilung versetzen.

In groben Zügen geschildert, geht es in dem läppischen Text um einen Angeklagten, der seine Frau wegen ihrer Dummheit erschlagen hat und durch den Richter dafür Verständnis erhielt. In unserem Fall hatte der Angeklagte nicht dieses Glück, erstens war es eine Richterin und zweitens hatte sie kein Verständnis für das unverfrorene Auftreten des Mannes gegenüber der jungen Beamtin.

§§VERKEHR§§§§§§§§§§§§§§§§§§§§§

Geisterfahrer ohne Gedächtnis

Obwohl der Unfall zwei Jahr zurück liegt, sträubten sich die Haare von Robert B. bei seiner Aussage vor dem Amtsgericht immer noch. Der Berufskraftfahrer war damals mit einem Schwerlasttransporter in Richtung Berlin auf der A 10 unterwegs. Zwischen zwei Abfahrten wurde der Verkehr wegen einer Baustelle mit Warnbaken auf die Gegenfahrbahn geleitet. Genau an dieser Stelle kam dem 80-Tonnen-Riesen ein Volvo auf der falschen Spur entgegen. Robert B. steuerte geistesgegenwärtig seinen Sattelschlepper auf die Standspur und warnte gleichzeitig über Sprechfunk seinen hinter ihm im PKW absichernden Kollegen. Der Geisterfahrer schleuderte an die Leitplanken und fuhr unbeirrt in Richtung Hamburg weiter. Bei dem Ausweichmanöver überfuhr der LKW ein zuvor vom Volvo umgerissenes Verkehrszeichen und riss sich damit die Ölwanne auf. Sein hinter ihm fahrender Begleiter hatte alle Mühe, sein Fahrzeug auf dem öligen Untergrund zum Stehen zu bekommen.

Was nun folgte, war mit erheblichem Aufwand verbunden. Abgesehen von der Sperrung der Unfallstelle und dem daraus folgenden Stau, musste der Transporter von einem Spezialschlepper nach Berlin zur Reparatur gebracht werden. Den Auflieger hatte man zuvor auf dem nächst gelegenen Parkplatz abgestellt. Erst am nächsten Tag konnte der 48-jährige Straßenkapitän seine Fahrt fortsetzen. Auf die Frage des Staatsanwaltes nach der Schadenshöhe konnte Robert B. keine konkrete Auskunft geben – sie dürfte aber zwischen 5000 bis 10 000 Euro liegen.

Bei dem Unfall blieb das Kennzeichen des Volvos auf der Strecke, und so führte die Spur zum Berliner Besitzer und Fahrer des Autos. Vier Stunden später ermittelte die Polizei den Geisterfahrer. Sebastian W. hatte zu der Zeit immer noch 1,84 Promille intus und

116

behauptete, dass er sich an die Trunkenheitsfahrt überhaupt nicht erinnern könne. Er sei am Unfalltag nach einem Streit mit seiner Frau aus dem Haus gegangen und am Stammtisch einer Kneipe gelandet. Dort hatte er seinen Kummer herunter gespült. Von hier ab will der 61-Jährige vom Geschehenen nichts mehr wissen.

Erst als die Polizei kam, habe sein Gedächtnis wieder eingesetzt. Wegen dieser vermeintlichen Amnesie war eine Gutachterin zum Prozess hinzugezogen worden. Diese stellte fest, dass der Angeklagte zur Unfallzeit etwa 2,6 Promille Alkohol im Blut hatte und dadurch Ausfallerscheinungen wahrscheinlicher sind, als ein psychisch und physisch krankheitsbedingter Gedächtnisverlust, den der Berliner gehabt haben will.

Robert B. bekam wegen dieser Trunkenheitsfahrt einen Strafbefehl, also eine Geldstrafe von 900 Euro. Anstatt diese zu bezahlen, legte er Einspruch ein und servierte nun seine Gedächtnisschwundtheorie. Ob ihm das sein Anwalt empfohlen hatte oder jemand anderes – dem Angeklagten wurde jedenfalls damit ein Bärendienst erwiesen. Denn das Gericht glaubte die Geschichte nicht und erhöhte die Geldstrafe auf 1 200 Euro in seinem Urteil. Das extra für den Prozess erstellte Gutachten kostet 1 000 Euro und kommt zu den Prozesskosten, die der Angeklagte als Schuldiggesprochener nun zu tragen hat. Überdies wird die Versicherung, gestärkt durch das Urteil, Schadenersatzansprüche stellen, die im vierstelligen Bereich liegen.

§§ DIEBSTAHL §§§§§§§§§§§§§§§§§§§

Trauerredner unter Verdacht

Für eine Gärtnerei ist der Verlust von zwei Geranientöpfen zu verschmerzen. Für den, der sie geklaut haben soll, könnte es seine berufliche Reputation kosten. Es ging bei dem Prozess nicht um gewöhnliche Balkonpflanzen, sondern um Teile einer Blumendekoration in einer Friedhofskapelle für eine Trauerfeier, die von der heimischen Gärtnerei gestellt worden war. Der Trauerredner Herbert S. soll sich unmittelbar nach der Feier pietätlos bedient haben. Er bestreitet den Diebstahl und behauptet, dass seine Frau die zwei Geranien in der Gärtnerei gekauft habe.

Emil M., der Besitzer der Gärtnerei, sagte als Zeuge aus, dass er schon etwa sieben Jahre lang beobachtete, dass ab und zu Pflanzen seiner Beerdigungsdekorationen fehlten. Erst hatte er Friehofsarbeiter und auch Mitarbeiter von Beerdigungsinstituten in Verdacht, konnte das aber in detektivischer Kleinarbeit ausschließen. So hatte er die Töpfe teilweise gekennzeichnet, indem er Pfennigstücke in die Blumenerde drückte. Letztendlich kam er zu der Erkenntnis, dass immer etwas fehlte, wenn Herbert S. die Trauerrede hielt. Der Theologe sei der Einzige, der nach der Zeremonie unbeobachtet in der Kapelle gewesen sei, schlussfolgerte der 65-Jährige.

Diese „Pfennigfuchserei" machte den Verteidiger fuchsig und er fuhr dem Rentner über den Mund, weshalb er das jetzt erst in der Verhandlung erzähle. In den Vernehmungsprotokollen sei davon nie die Rede gewesen, brüllte er den alten Herrn an. Er würde ihn bei der Richterin wegen der Falschaussage anzeigen. Diese wiederum forderte den Rechtsanwalt zur Mäßigung auf und konnte sich den kleinen Seitenhieb nicht verkneifen, dass sie für Anzeigen nicht zuständig sei und er das als Jurist wissen müsse. Auch der Staatsanwalt blieb dem Verteidiger nichts schuldig: Es war Stimmung im Saal.

Als die Wogen sich wieder geglättet hatten, erzählte Emil M. weiter, dass er die Polizei alarmierte, als der Angeklagte wieder Trauerredner war. Die beiden herbeigerufenen Beamten beobachteten den Beschuldigten und baten ihn, als er losfahren wollte, seinen Kofferraum zu öffnen. Übereinstimmend berichteten beide, dass sie eine Plaste-

tüte mit zwei Geranientöpfen fanden. Sie gingen mit dem Angeklagten in die Kapelle zurück und entdeckten zwei Leerstellen in dem Blumenarrangement, in die die Töpfe genau passten. Einer der Polizisten konnte sich noch erinnern, dass Herbert S. die Blumen wieder hinstellte und dabei äußerte, dass nun wohl nichts gewesen sei. Es kam aber doch zu einer Anzeige und einem Strafbefehl gegen den Grabredner. Er legte Einspruch ein, und so kam es überhaupt zu diesem „Vier-Euro-Prozess", der Wert der Geranien.

Bei seiner polizeilichen Vernehmung hatte der Beschuldigte nun aber angegeben, seine Frau hätte die Blumen vorher in der gleichen Gärtnerei gekauft. Seine Ehefrau bestätigte das und legte dem Gericht eine Quittung über den Kauf vor. Diese konnte jedoch von der Verkäuferin nicht als echt erkannt werden.

Für den Staatsanwalt stand fest, dass es sich hier um eine klare Schutzbehauptung des Angeklagten und seiner Frau handelte und er forderte 900 Euro Geldstrafe.

So etwas habe er in seiner 25-jährigen Laufbahn noch nicht erlebt, brauste der Verteidiger lautstark auf: „Wenn das so weiter geht, werde ich für eine Wiederaufnahme sorgen – dann wird dieser Vier-Euro-Prozess zum Monsterprozess des Jahres". Die Richterin, die vom Verteidiger mehrfach als befangen bezeichnet wurde, sprach sichtlich unbeeindruckt das Urteil: Schuldig im Sinne der Anklage und deshalb 600 Euro Geldstrafe. Hinzu kommen die Prozesskosten.

FÄLSCHUNG

Geklautes Spaßmobil billig verkauft

Mit großer Erleichterung nahm Marcel S. sein Urteil von der Jugendrichterin an. Er kam wegen Hehlerei, Diebstahl und mehrfacher Urkundenfälschung mit einer richterlichen Verwarnung und einer Geldbuße von 400 Euro auch gut davon. Das Gericht rechnete dem 20-Jährigen sein reumütiges Geständnis hoch an und schätzte das Geschehene als jugendtypisch ein.

Ende des Jahres kaufte der junge Mann ein schwarzes Quad (vierrädriges Motorrad) für 400 Euro – Neuwert 6 500 Euro. Ihm muss dabei bewusst gewesen sein, dass das Gefährt gestohlen war. Entsprechend besaß er weder einen Kaufvertrag noch Fahrzeugpapiere. Mit diesem Spaßmobil fuhr er über die Straßen und auf einem ehemaligen Schießplatz. Um im Straßenverkehr nicht aufzufallen, hatte er zuvor von einem in Berlin geparkten Quad das Nummernschild geklaut und an seines montiert.

Im Spätsommer des darauffolgenden Jahres entdeckte der Angeklagte mit seinem Kumpel ein nicht angeschlossenes Motorrad der Marke „Yamaha". Sie schlossen es kurz und fuhren damit los. Auch für dieses Bike benutzten sie das in Berlin gestohlene Nummernschild. Juristisch ist das Verwendung von falschen Kennzeichen, Urkundenfälschung und das Kaufen des Quad ohne Unterlagen Hehlerei.

Hinzu kommen für den Angeklagten der Diebstahl des Motorrades und Fahren ohne Fahrerlaubnis. Diese hat er inzwischen allerdings erworben – Führerschein Klasse B, und zur Zeit ist er dabei, auch den Schein für schwere LKWs zu machen. Bei der Finanzierung hilft die Oma, denn nur von seinem Lehrlingsgeld kann er das nicht schaffen, erklärte Marcel S..

Aus heutiger Sicht versteht er seine Taten überhaupt nicht mehr, fuhr er reumütig fort. Eine Ausbildung zum Möbelspediteur bereite ihm große Freude und auch seine Freundin gäbe ihm großen Halt. „Ich hatte wohl auch immer die falschen Freunde", fügte er nachdenklich hinzu.

„Das kann ich nur bestätigen, über die habe ich schon viele Seiten schreiben müssen", antwortete darauf die Jugendrichterin. Sie gab zu bedenken, dass dem Angeklagten eine Menge Punkte in Flensburg und Schwierigkeiten für die geplante LKW-Prüfung drohen, wenn im Urteil das Fahren ohne Führerschein auftauchen würde. „Das wäre kontraproduktiv", meinte sie.

Daraufhin beantragte der Staatsanwalt, das Verfahren in diesem Punkt einzustellen. „Haben Sie was dazu zu sagen" wandte er sich an den Angeklagten, worauf der freudig erregt ein „Danke" stotterte.

FAHRLÄSSIGE TÖTUNG

Kein Pardon für Wiederholungstäter

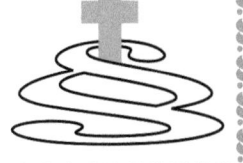

Zwei Jahre muss Norman M. ins Gefängnis, weil er betrunken mit seinem Opel Corsa einen folgenschweren Unfall verursacht hat. Sein Beifahrer kam dabei ums Leben und drei weitere Insassen wurden zum Teil schwer verletzt. Das Gericht sah es als besonders schwerwiegend an, dass der 26-Jährige nur zweieinhalb Monate nach diesem tragischen Unglück wieder alkoholisiert am Steuer saß. „Es fehlen mir hier die Argumente, um eine positive Sozialprognose für den Angeklagten zu sehen", sagte die Strafrichterin in ihrer Urteilsbegründung und „deshalb kann eine Bewährung nicht in Frage kommen".

In einer Gaststätte des Nachbardorfes fand eine Feier statt. Zu dieser Fete fuhr der Angeklagte und nahm zwei Kumpels aus seinem Heimatdorf mit. Gegen 4 Uhr morgens verließen sie die Party, sie waren jetzt zu fünft – zwei Jugendliche hatten sich noch dazu gesellt – und fuhren los. Alle Überlebenden gaben an, stark getrunken zu haben. Es hatte in der Nacht geschneit. Die Landstraße war vereist. Mit Tempo 70 bis 80, was den Straßenverhältnissen keinesfalls angepasst war, wie der Unfallsachverständige rekonstruierte, ist der Kleinwagen nach einer leichten Rechtskurve ins Schleudern geraten und mit der rechten Seite gegen eine Kiefer geprallt. Der Beifahrer war sofort tot. Die drei hinteren Mitfahrer konnten durch den Kofferraum herausklettern. Sie waren teilweise schwer verletzt (Schädelbasis-, Nasenbein- und Fußbrüche, Prellungen...). Norman M. am Steuer war geschockt, blieb aber nahezu unversehrt. Erstaunlich ist, dass keiner der jungen Leute, die den Unfall überlebten, gewusst oder gesehen haben will, dass ihr Fahrer vor dieser Schicksalsfahrt Alkohol getrunken hatte. Zwei Stunden nach dem furchtbaren Unfall wurden 1,93 Promille beim Angeklagten festgestellt.

Nur einige Wochen danach bat ein Freund den Unglücksfahrer, ihn in die Stadt zu fahren. Er selbst könne nicht, da er getrunken habe. Ohne Skrupel setzte sich Norman M. ans Steuer, obwohl er selbst alkoholisiert war und seit dem Unfall auch keine Fahrerlaubnis mehr besaß. An einer Tankstelle stellte ihn die Polizei. Sein Kumpel lag derweil schlafend hinten im Auto. 2,05 Promille ergab die Blutalkoholkontrolle bei dem Angeklagten. So wenig Schuldbewusstsein sei ihr noch nicht vorgekommen, stellte die Richterin kopfschüttelnd fest und deshalb könne hier kein Pardon gegeben werden.

BRANDSTIFTUNG

Beweislast überzeugt Schöffen

Als besonders belastend wurde das Geständnis des 21-jährigen Malerlehrlings bei seiner polizeilichen Vernehmung als Tatverdächtiger gewertet. Die detaillierten Angaben, die Ronny F. damals zu Protokoll gab, als die Pkw auf dem Gelände der Autoverwertungsfirma in Brand gesetzt wurden, stimmten mit den objektiven Erkenntnissen, die sich im Prozess ergeben haben, voll überein, argumentierte der Staatsanwalt.

Der Angeklagte wurde kurz nach dem Brand eines Citroen gesehen, wie er sich in unmittelbarer Nähe des Tatortes mit seinem Fahrrad im Wald versteckte. Einen Monat später schwelte ein zur Verwertung abgestellter Mazda – auch hier wurde der Angeklagte kurz danach gesichtet. Auf der Videoüberwachungskassette konnte man ihn ein anderes Mal beim Anbringen von NPD-Aufklebern an den Firmengebäuden beobachten.

Auffällig, dass er Autos fotografierte, die auf dem Gelände standen – darunter auch die später abgefackelten. Gegen die bei Prozessbeginn zum Erstaunen der Beteiligten plötzliche Beteuerung seiner Unschuld mit dem Hinweis, dass er am Brandtag des Citroen krank im

Bett gelegen habe, spricht die Aussage seiner behandelnden Ärztin. Sie habe keinen Hausbesuch zu der Zeit bei ihm vorgenommen, wie der Angeklagte fälschlich behauptete. Mit dem Fingerzeig auf noch weitere sechs Autobrände in diesem Zeitraum, die nicht aufgeklärt sind, konnte er die Richter und den Staatsanwalt nicht beeindrucken. Zur Anklage standen diese zwei Brände, die nach Meinung des Gerichtes durch die Beweisaufnahme ausreichend aufgeklärt wurden und die Schuld daran dem Angeklagten klar nachgewiesen werden konnte.

Der Staatsanwalt forderte in seinem Plädoyer ein Jahr und neun Monate Freiheitsstrafe, mit der Chance für den jungen Mann, sich zu bewähren, da er einen festen Ausbildungsplatz besitzt. Er rechnete ihm dabei sein erstes, reuevolles Geständnis bei der Polizei positiv an. Als Bewährungsauflage verlangte er 600 Euro Geldbuße. Dem folgten die Richter im Wesentlichen mit ihrem Urteil von eineinhalb Jahren Gefängnis auf Bewährung.

BESTECHUNG

Fahrer bangte um Führerschein

Marcus B. fuhr mit seinem PKW durch eine Autobahnunterführung und direkt in eine Verkehrskontrolle. Die Polizisten stellten bei dem 34-Jährigen Alkohol und Kokain fest. Somit war er fahruntüchtig. Er bangte um seine Fahrerlaubnis und befürchtete ein Strafverfahren. Mit den Worten: „Man könne sich ja so einigen", bot er dem Beamten Geld an.

Der verständigte sich mit seinem Kollegen und nach gemeinsamer Absprache ließ er sich zum Schein auf das „Geschäft" ein. Der Verkehrssünder zückte einen 500-Euroschein – er hatte gerade ein Auto verkauft und deshalb so viel Bargeld bei sich – und schob ihn in die Hand des Polizisten. Damit war die Straftat der Bestechung vollendet. Der Polizist nahm den gelernten Maurer gleich an Ort und Stelle fest. Marcus B. gestand die Tat ein. Er wollte die Sache zwar als Missverständnis zwischen dem Beamten und sich herunterspielen, kam aber damit weder bei der Staatsanwältin noch dem Richter an. Selbst der Verteidiger winkte bei dieser Schutzbehauptung seines Mandanten ab. Auch ein Sachverständiger musste nicht gehört werden. Er hätte im Streitfall zu der Beeinflussung des Angeklagten durch das Kokain und die damit verbundene Gefährdung des Straßenverkehrs Stellung genommen.

Es stand also nur noch die Frage der Strafhöhe. Für ihn sprach sein Geständnis und auch sein ordentliches soziales Umfeld. Macus B. ist im Bereich Bautenschutz als Selbstständiger tätig und sorgt auch für seine uneheliche Tochter. Dagegen stehen 13 Vorstrafen, meistens Geldstrafen, aber auch schon sechs Monate Gefängnis, die er absitzen musste. Später kam eine zweijährige Bewährungsstrafe hinzu, die er jedoch unbeschadet überstand.

Die Mindeststrafe für Bestechung liegt bei drei Monaten, führte die Staatsanwältin in ihrem Plädoyer aus. In diesem Fall beantrage sie sogar neun Monate Haft und wegen der starken Vorbelastung des Angeklagten ohne Bewährung. Dem schloss sich der Richter an. Darüber hinaus hat Marcus B. für die Fahrt unter Drogen und Alkohol 250 Euro zu zahlen und sein Führerschein wird für einen Monat eingezogen.

§§KÖRPERVERLETZUNG§§§§§§§§§

Polizist in Todesangst

„Hör auf Günther, das ist kein Spaß mehr!" Mit etwa diesen Worten hatte Olaf F. seinen Freund angeschrien, als er sah, dass dieser die Pistole eines Polizisten in der Hand hatte. Das sagte er als Zeuge den Richtern und beschrieb die äußerst brisante Situation an dem Tatabend in der Wohnung des Angeklagten. Ursache der damaligen Auseinandersetzung war ein vorausgegangenes Beziehungsdrama zwischen seinem Freund Günther P. und dessen langjähriger Lebensgefährtin.

Am Tattag hatte der 46-Jährige die Frau mit einem vermeintlichen Nebenbuhler überrascht und war daraufhin ausgerastet. Sie hatte am Vorabend ihren Wagen am Ortsrand geparkt, um mit ihrem Arbeitskollegen weiterzufahren und bei dem über Nacht zu bleiben. Als die beiden am nächsten Morgen zum abgestellten Pkw zurückkamen, tauchte urplötzlich der Angeklagte auf. Wutschnaubend versuchte er, den „Anderen", der vorsichtshalber die Tür verriegelt hatte, zur Rede zu stellen.

Die Frau war schon ausgestiegen. Er schlug und trat gegen das Auto und schoss mit einer Schreckschusspistole auf den Konkurrenten, der daraufhin in Panik losfuhr. Dann zerrte Günther P. die seiner Meinung nach Untreue an den Haaren in sein Auto und fuhr gegen ihren Willen mit ihr in seine Wohnung. Dort besuchte ihn auf seinen Anruf hin sein Freund Olaf F.. Es klingelte an der Wohnungstür und zwei Polizeibeamte, die sich ordnungsgemäß auswiesen, forderten Einlass, um die Waffe zu beschlagnahmen und die Geschehnisse des Morgens zu klären. Der Angeklagte widersetzte sich, und es kam zu Handgreiflichkeiten.

Bei dem Gerangel hatte der Widerspenstige die geladene und entsicherte Pistole des einen Polizisten erbeutet und auf dessen Brustbein aufgesetzt. „In dem Moment hatte ich Todesangst", sagte der Polizist dem Gericht. Schließlich gelang es den Beamten, den Mann doch noch zu überwältigen.

Etwa einen Monat später blockierte Günter P. mit seinem BMW den Postwagen seiner Exgefährtin – sie ist Paketzustellerin. Auch hier musste sie die Polizei um Hilfe bitten. Inzwischen haben sich die Fronten geklärt. Vernünftigerweise gehen sich beide seit zwei Jahren aus dem Weg, und der als Elektriker arbeitende Angeklagte hat vom Familienrichter das Umgangsrecht für die gemeinsame 15-jährige Tochter zugesprochen bekommen.

Der Angeklagte erhielt vom Schöffengericht eine Bewährungsstrafe von einem Jahr und drei Monaten, und er muss 1 200 Euro an die Staatskasse zahlen.

Mexikanische Rockband angegriffen

Sechs junge Männer saßen vor dem Jugendrichter – angeklagt wegen gefährlicher Körperverletzung. Inwieweit dabei Ausländerfeindlichkeit eine Rolle gespielt hatte, musste in diesem Prozess den Angeklagten nachgewiesen werden. Vieles spricht dafür. Allerdings bekam das provozierende Sextett bei seiner Auseinandersetzung am frühen Morgen mit einer mexikanischen Rockband an einer Autobahnraststätte unerwartet harte Gegenwehr und musste sich danach im Krankenhaus zusammennähen lassen.

Die durch Europa tourenden Musiker kamen von einem Konzert in Berlin und waren auf der Weiterreise mit ihrem Nightliner Bus nach Dänemark. Viele der Musikanten lagen schon erschöpft in ihren Kabinen und schliefen – es war morgens 5 Uhr 30. Der Bus hielt an der Raststätte. Der Manager und der Tourleiter gingen zur Toilette, in deren Vorraum sechs junge Männer mit Bierflaschen standen. Mit den Worten: „Jetzt traut ihr Euch wohl nicht mehr zu pissen", war unschwer zu erkennen, dass die Biertrinker Streit suchten, sagte Carlos J. als einer der beiden Zeugen aus.

Äußerlich seien sie der rechten Szene zuzuordnen gewesen: Glatzen, Tarnjacken, Kleidung der in diesen Kreisen beliebten Marke „Thor Steinar".

„Nichts Gutes ahnend verkniffen wir uns unsere Notdurft und dachten nur daran, dass die beiden Gruppen – Langhaarige und Glatzen – nicht aufeinander stoßen sollten. Wir gingen zum Bus, um unsere Leute zu warnen und sofort weiterzufahren. Hier erfuhren wir, dass unser Sänger und der Tontechniker aber unbemerkt schon vor uns auf der Toilette waren, also noch dort drin sein mussten. Dann hörten wir auch schon Hilfeschreie und weckten die Truppe", sagte der Zeuge.

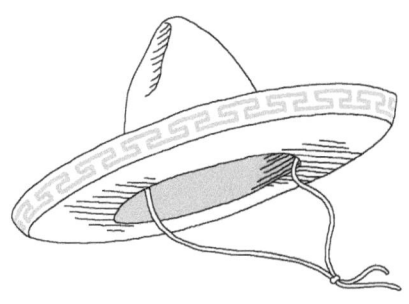

So standen sich etwa 15 Rockmusiker und die sechs biertrinkenden Glatzen vor der Raststätte gegenüber. Zuvor hatten die sechs die beiden Musiker in der Toilette mit ausländerfeindlichen Sprüchen belegt. Trotz der Überzahl ließen sie nicht von der Gruppe ab. Der Gitarrist bekam dabei eine Flasche in die Rippen und ging zu Boden, berichtete der Zeuge weiter. Der Verletzte, der kuzzeitig ohnmächtig war, wurde in den Bus gebracht. Gleichzeitig eskalierte nun doch die Situation und die sechs Angreifer wurden von den Musikern gehörig verprügelt. „Dumm gelaufen", fasste treffend einer der Angeklagten das Geschehen von damals zusammen.

Nicht genug damit, erhielten die zwischen 19 und 37 Jahre alten Männer wegen ihres rechtsradikalen Übergriffes auf die Ausländer Gefängnisstrafen zwischen acht und fünfzehn Monaten und Geldstrafen.

BETRUG

Häuslebauer geprellt

Eigentlich war Hans B., Chef einer Hochbau GmbH, ganz zufrieden. 40 Aufträge lagen für seinen auf Eigenheime spezialisierten Baubetrieb vor, stand in einem Artikel über diesen Betrieb in der Regionalpresse. Doch nur zehn Monate später hieß es im gleichen Blatt, dass die Firma aus wirtschaftlichen Gründen ein Insolvenzverfahren beantragen muss.

Eine Hiobsbotschaft nicht nur für die 28 Mitarbeiter. Nur sechs Wochen zuvor hatte Hans B. von einem älteren Ehepaar einen fünfstelligen Betrag als Anzahlung für ihr lang ersehntes eigenes Haus kassiert. Die beiden „Fast"hausbesitzer saßen im Gerichtssaal. Sie hatten Anzeige wegen Betruges gegen den Geschäftsführer erstattet. Schließlich wurde weder gebaut, noch das Geld zurückgezahlt. Auch die Staatsanwaltschaft ist dieser Meinung und erhob deshalb Anklage gegen den 52-jährigen Hans B..

Das Geld bleibt verschwunden, genauso wie das Inventar des Betriebes. Keine Spur mehr von Computern oder Möbeln. Das wurde zur gleichen Zeit, als das Ehepaar gutgläubig seine Anzahlung geleistet hatte, an eine andere Firma verscherbelt. 50 000 Euro sollen geflossen sein.

Der Geschäftsführer dieser Firma war sicher nicht rein zufällig auch Gesellschafter der Hochbau GmbH. Als Zeuge konnte oder wollte er zum Verbleib des Geldes nichts sagen. Auch von der finanziellen Schieflage des insolventen Unternehmens will er nichts gewusst haben. Dagegen steht allerdings die Aussage der Insolvenzverwalterin. Sie erklärte dem Gericht, dass nach Überprüfung der Unterlagen durch sie und auch einen Gutachter die Hochbau GmbH schon länger stark überschuldet war. Das konnte das Unternehmen in keiner Weise kompensieren. Der Gesellschafter muss also Bescheid gewusst haben, schlussfolgerte der Staatsanwalt daraus und ließ die Frage offen, ob er den Zeugen wegen uneidlicher Falschaussage belangen wird.

Verurteilt will er jedoch Hans B. sehen und zwar zu acht Monaten Gefängnis. Der Angeklagte hat eindeutig betrügerisch gehandelt, so die Meinung des Anklägers. Da der ehemalige Firmenchef zur Tatzeit unter Bewährung in einem ähnlichen Fall stand, soll er die Strafe absitzen. Diese kriminelle Energie ließe eine Strafverschonung nicht zu. Das Gericht bestätigte diesen Antrag. Wird das Urteil rechtskräftig, kommt mit Sicherheit auch noch die ausgesetzte Strafe von ebenfalls acht Monaten hinzu.

Das geprellte Ehepaar vernahm mit Genugtuung dieses Urteil. Ob sie je ihr Geld wiedersehen, ist allerdings fraglich.

Gelöscht mit Alkohol

Mit einem Freispruch erster Klasse konnte Florian B. aus dem Gerichtssaal gehen. Die Anklage gegen ihn, er hätte verleumderisch behauptet, einen Feuerwehrmann mit Alkohol beim Löscheinsatz erwischt zu haben, brach während der Beweisaufnahme schon zusammen. Keiner der vielen Zeugen konnte oder wollte diesen angeblichen, schwerwiegenden Vorwurf gegen ihren 46-jährigen Kameraden Klaus A. vor Gericht bestätigen. Der hatte diese Beschuldigung gerüchteweise im Umfeld der Ortswehr, der er angehört, vernommen und empört Strafanzeige gegen den vermeintlichen Verleumder gestellt.

Zu einem Scheunenbrand in ihrem Dorf wurde die Freiwillige Feuerwehr gerufen. Der Angeklagte hatte seinen Platz an der Motorpumpe, der Kläger am Brandherd. Beide konnten sich also während des Großeinsatzes nicht sehen. Als die Löscharbeiten fast beendet waren, verließ Klaus A. kurzzeitig den Unglücksort, um sein Fahrrad zu holen. In diesen zehn Minuten soll er Alkohol getrunken und dann weiter am Einsatz teilgenommen haben. So hätte Florian B. es später im Feuerwehrdepot verbreitet.

Als Klaus A. das hörte, erstattete er stinksauer eine Strafanzeige wegen übler Nachrede gegen den 32-Jährigen. Der bestritt vor Gericht, so etwas gesagt zu haben.

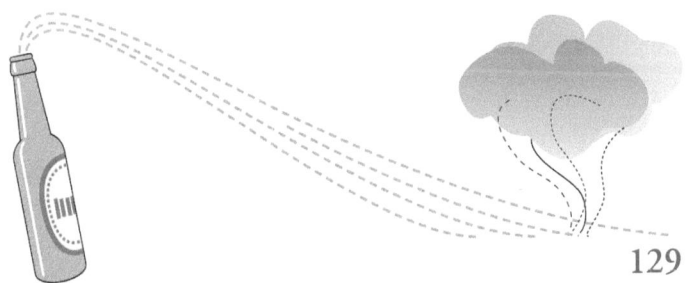

Allerdings machte er keinen Hehl daraus, dass er generell mit Alkohol unter den Feuerwehrleuten in seiner Wehr ein Problem habe, gegen das er konsequent vorgehe. Dass er sich damit bei einigen unbeliebt gemacht hat, sei ihm klar. Die Freiwilligen Feuerwehren haben heute mit feinster Technik zu tun, die hochqualifizierte Mitglieder mit klaren Köpfen brauche, fügte der Angeklagte weiter an und dafür kämpfe er.

Schließlich bringt er reichliche Erfahrungen aus sechsjähriger Tätigkeit bei einer Berliner FFW mit. Er ist inzwischen zum Gruppenführer befördert worden. Dagegen wurden der Wehrführer und sein Stellvertreter ihrer Posten enthoben, erklärte er stolz.

Dies bestätigte auch die Ordnungsamtsleiterin, die Vorgesetzte der FFW ist. Einen Brief mit der Forderung auf Entlassung des Angeklagten aus der Wehr, den ein Teil der Kameraden an sie gerichtet hatte, bezeichnete die Beamtin als „Bullshit". Die darin gegen Florian B. erhobenen Vorwürfe erwiesen sich nach von ihr vorgenommener Überprüfung als unwahr. Die Anklage durch Klaus A. platzte wie eine Seifenblase.

Stellt sich die Frage, ob dieser Prozess sein musste. Besser hätte man die Angelegenheit unter den Kameraden durch eine ehrliche Aussprache klären können – vielleicht dann sogar bei einem Bier.

§§FÄLSCHUNG§§§§§§§§§§§§§§§§§§§

Geldfälscher hinter Gittern

Seitdem vor langer Zeit die Phönizier das Geld erfunden haben, wird auch versucht, es zu fälschen. In erstaunlich guter Qualität gelang das Regine G., die auch ihren Lebensgefährten und ihre 23-jährige Tochter mitbeschäftigte, 100-DM-Scheine herzustellen bzw. in den Umlauf zu bringen. Bei einer Hausdurchsuchung wurden 1 131 Falsifikate gefunden. 92 weitere Scheine, die schon im Umlauf waren, wurden durch die Banken eingezogen. Nun saßen sie auf der Anklagebank des Landgerichtes in Erwartung empfindlicher Haftstrafen.

Die 48-jährige Hauptangeklagte hatte nach der Wende mit vom Großvater geerbtem Geld eine Auto- und Imbisswagenvermietung gegründet und erhebliches Geld in die Nachtbar ihres wesentlich jüngeren mitangeklagten Lebenspartners gesteckt.

Alle diese Unternehmungen misslangen und ihre Schulden beliefen sich auf 60 000 DM. Nun versuchte es die unternehmerische Frau mit einer Versicherungsagentur, und als das ebenfalls schief ging, gründete sie eine Baufirma. In diesem Zusammenhang schaffte sie für die damalige Zeit einen sehr teuren Farbkopierer an, das war 1995.

Trotz ihrer schlechten finanziellen Lage borgte sie ihrem 30-jährigen Freund 20 000 DM, damit der ein Auto der Luxusklasse fahren konnte. Auch ihre Tochter, die ein Ladengeschäft betrieb, stand mit 50 000 DM in der Kreide.

Der Gerichtsvollzieher war inzwischen Dauergast bei ihr, sie trank viel und die Beziehung zu ihrem Lebensgefährten war gefährdet, beschrieb die Angeklagte unter Tränen ihre Situation.

In dieser Ausweglosigkeit kam sie auf die Idee, einen 100-DM-Schein zu kopieren. Nach vielen Behandlungen der falschen Scheine mit Petroleum und Asche hatte sie mehrere tausend D-Mark hergestellt.

Gemeinsam mit ihrer Tochter kaufte sie mit dem Falschgeld ein. Wenn eine aufmerksame Kassiererin einen Hunderter beanstandete, zahlten die Frauen mit echtem Geld. Bei einem Schuhkauf schnappte dann aber die Falle zu. Fahnder hatten die Geldfälscherin inzwischen im Visier und konnten sie auf frischer Tat ertappen.

Die Angeklagte hatte ihre Kopiertechnik so verfeinert, dass sie vier 100-DM-Scheine zugleich herstellen konnte. Es wurden bei ihr 130 000 DM geschnitten und 385 000 DM in Bögen beschlagnahmt.

Regine G. wurde zu fünf Jahren Freiheitsstrafe verurteilt. Ihr Partner, der seinerseits Schulden jenseits der Millionengrenze hinterlässt, muss drei Jahre und drei Monate absitzen. Die Tochter kam mit einer Bewährungsstrafe von acht Monaten davon.

Stockbetrunken in geklautes Auto gestiegen

Den nahenden Himmelfahrtstag wird Marc S. hoffentlich sinnvoller feiern als den letzten. An dem war er nach dem Leeren einer Flasche Apfelkorn und einer Flasche Weinbrand jedenfalls stockbetrunken. Am Rande eines Fußballturniers, an dem er teilnahm, betrank sich der 30-Jährige derartig, dass er nur noch nach Hause wollte. Ein Kumpel versprach ihm, ihn zu fahren und kam auch kurz danach mit einem weißen PKW vorgefahren, in den Marc. S. bedenkenlos einstieg. Woher der Freund das Auto hatte, war ihm in seinem Zustand egal. Er sah nicht, dass es schwarze Nummernschilder trug. Es handelte sich, wie sich später herausstellte, um ein polnisches Auto. Dass sein Freund den Wagen mit einem Schraubenzieher aufgebrochen, kurzgeschlossen und dann geklaut hatte, habe er nicht mitbekommen. Die polnischen Autobesitzer konnten nach kurzer Verfolgungsjagd die beiden überwältigen, und so saß Marc S. wegen besonders schweren Diebstahls vor dem Schöffengericht. Sein damaliger „Schofför" glänzte durch Abwesenheit – er ist zur Zeit nicht auffindbar und konnte somit weder Be- noch Entlastendes aussagen. Die Frage der Vorsitzenden Richterin, ob er kurzzeitig selbst mit dem gestohlenen Fahrzeug gefahren wäre, verneinte der Angeklagte. Da zu diesem Prozess keine Zeugen erschienen waren, konnte das Gericht dem Angeklagten keine eindeutige Schuld nachweisen. Es schloss sich deshalb dem Antrag des Staatsanwaltes an, das Verfahren mangels Beweisen vorläufig einzustellen. So kam unser „blauer Himmelfahrtsfußballer" mit dem sprichwörtlichen blauen Auge davon.

Es bleibt all den Männern, die den „himmlischen" Feiertag zum Saufgelage machen, anzuraten, sich nicht mit einem motorisierten Untersatz auf den Weg zu machen. Schon gar nicht mit geklauten Autos, auch wenn es polnische sind.

Hooligan verurteilt

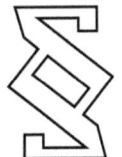

Mit dem Hitlergruß provozierte Bernhard F. zwei Polizisten, die im Regionalzug Rostock – Berlin nach einem Fußballspiel für Ruhe und Ordnung sorgen sollten. An dem Tag hatte Hansa II gegen den BFC Dynamo gespielt. F. lebte zu der Zeit in Berlin und war Dynamo-Fan. Auf der Rückfahrt fiel der 40-Jährige durch sein aggressives Verhalten im überfüllten Zug auf. Beamte des Sonderdienstes nahmen deshalb seine Personalien auf und erstatteten Anzeige wegen der Verwendung von Kennzeichen verfassungsfeindlicher Organisationen.

Bei der gestrigen Verhandlung erhielt der Schweißer dafür drei Monate Gefängnis ohne Bewährung. Bei seinem umfangreichen Sündenregister – waren sich Staatsanwalt und Richterin einig – käme eine Strafaussetzung oder Umwandlung in eine Geldstrafe nicht in Frage. Mit seinen Vorstrafen könnte man locker das Alphabet füllen: von Abziehen (Erpressung) über Diebstahl, Körperverletzung, Raub, sexuellen Missbrauch bis Zuhälterei ist alles vertreten was unweigerlich bei der Justiz landet. So ist es nur logisch, dass der Angeklagte über sieben Jahre seines Lebens im Knast verbracht hat.

An dem Fußballtag hatte er Freigang vom Maßregelvollzug, den er wegen seiner Kokainabhängigkeit verbüßte. Deshalb sei er absolut nüchtern gewesen, beteuerte der Angeklagte, denn bei der abendlichen Rückkehr in die Anstalt wird das streng kontrolliert. Gerade wegen dieser Situation müsste er ja "blöde sein", wenn er den Hitlergruß zeigen würde. "Außerdem habe er mit denen (Rechten) überhaupt nichts am Hut – schauen Sie mich doch an", sagte der leicht dunkelhäutige, kräftige, glatzköpfige Mann. Er hätte lediglich einen Polizisten im Zug weggeschubst, weil "der mir auf den Füßen stand". Dass er den rechten Arm zum verbotenen Gruß nicht erhoben haben will, widerlegten die übereinstimmenden Aussagen der beiden Bundespolizisten als Augenzeugen.

Die Motivation war möglicherweise nicht politisch, aber dazu gedacht, eine Schlägerei anzuzetteln. Der jetzt wieder in Leipzig wohnende Angeklagte fährt nach eigenen Angaben seit 25 Jahren zu Fußballspielen und ist der Polizei und den Ordnungsdiensten kein Unbekannter. Er verhält sich wie ein Hooligan, dem es weder um Fußball noch Politik, sondern um die nackte Gewalt geht, führte der Ankläger in seinem Plädoyer aus und hatte sogar eine sechsmonatige Freiheitsstrafe verlangt.

§§VERKEHR§§§§§§§§§§§§§§§§§§§§§§§§§

Totalschaden nach Kollision mit Zug

Paul Z. war auf der Heimfahrt an einem unbeschrankten Bahnübergang mit dem Triebwagen des Regionalzuges Berlin – Templin zusammengestoßen. Offenbar hatte der 52-Jährige einen Schutzengel, denn er kam unverletzt aus seinem total zerstörten PKW. Gegen den Strafbefehl über 600 Euro wegen gefährlichen Eingriffs in den Schienenverkehr erhob er aber Einspruch. Deshalb musste nun am Amtsgericht verhandelt werden.

Paul Z. schilderte das Geschehen folgendermaßen: An diesem dunklen Februarabend fuhr er an den unbeschrankten Bahnübergang. Er habe an der weißen Linie gehalten und nach rechts und links geschaut, aber nichts gesehen und auch kein Signal gehört. Plötzlich sei der Zug von links sehr schnell gekommen und praktisch gleichzeitig geschah der Crash.

Anders als der Angeklagte erinnerte sich der als Zeuge geladene Hans L. an den Unfall. Er war der Fahrer des Triebwagens, ein Lok-Führer mit 40-jähriger Diensterfahrung. Er näherte sich dem Übergang nach einem Haltepunkt. Dort bestand weder ein Aussteige- noch ein

Einsteigewunsch, so dass er ohne Halt durchfahren konnte. Da vor und nach dem Bahnsteig so genannte Pfeiftafeln stehen, hat er selbstverständlich Achtungssignale gegeben, auch mehrfach vor dem unbeschrankten Bahnübergang. Er sagte, der PKW habe nicht gehalten, sondern sei mit ca. 30 km/h ungebremst in den Triebwagen gefahren, dessen Verkleidung dabei nicht unerheblich beschädigt wurde. Da das Bahnhofsgebäude dicht an der Straße steht, ist auch für den Lok-Führer die Straße zum Bahnübergang schlecht einsehbar. Er habe 20 Meter vor dem Übergang mehrmals „gepfiffen" und gebremst, sei aber erst nach mehr als 100 Metern zum Stehen gekommen. Er erlitt einen Schock und musste über ein halbes Jahr psychologisch betreut werden.

Auch die Staatsanwältin hielt dem Angeklagten vor, dass er, der in der Nähe wohne und diesen unübersichtlichen Unfallschwerpunkt genau kenne, nicht entsprechend seiner Sorgfaltspflicht gehandelt haben kann.

Nach kurzem nicht öffentlichen Gespräch einigten sich Staatsanwältin und Verteidiger, dass der Einspruch gegen den Strafbefehl vom Angeklagten zurückgenommen wird und Paul Z. die 600 Euro (30 Tagessätze zu 20 Euro) zu zahlen hat. So ist er noch gut dabei weggekommen, denn mit einem Urteil wäre es auf jeden Fall teurer für ihn geworden.

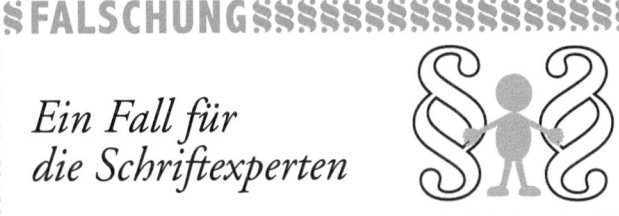

FÄLSCHUNG

Ein Fall für die Schriftexperten

Der Prozess wegen Urkundenfälschung gegen Albert V. endete mit einem Freispruch für den 68-Jährigen. Das Amtsgericht stützte sich dabei auf die Ausführungen der Schriftsachverständigen vom Landeskriminalamt. Es ging in diesem Verfahren um einen Erbstreit. Albert V. bewohnt seit 1975 ein Wochenendgrundstück am Rande

Ostberlins. Dieses Grundstück gehörte dem Lebensgefährten seiner Mutter, die beide 1975 nach Westberlin verzogen waren. In diesem Zusammenhang schloss der Besitzer, der inzwischen längst verstorben ist, mit seinem „Ziehsohn" einen Pachtvertrag ab. Diesen Vertrag hat Albert V. heute noch, allerdings nur als Kopie. Der Angeklagte hatte dann einen größeren Bungalow auf das Wochenendgrundstück gebaut. Dieser Bungalow brannte 1997 – vermutlich durch Brandstiftung – völlig aus. Der Originalpachtvertrag mit vielen anderen Unterlagen wurde dabei vernichtet, erklärte der Rentner dem Gericht.

Nach der Wende traten plötzlich Anspruchsteller auf den Plan, mit denen sich der Pächter nicht einigen konnte, im Gegenteil – es gab Streit, der nun im Gerichtssaal landete. Diese Erbengemeinschaft wollte Albert V. das von ihm seit 30 Jahren genutzte Grundstück, für das er alle Besitzerpflichten getragen hatte, nun für 20 000 Euro verkaufen.

Die vermeintlichen Erben behaupten, dass die Unterschrift unter dem Pachtvertrag von dem Angeklagten gefälscht sei und erstatteten deshalb Anzeige wegen Urkundenfälschung. Albert V. wiederum zweifelt die Erbberechtigung der Kläger an.

Deshalb wurde eine Schriftexpertin vom LKA hinzugezogen. Die Beamtin führte aus, dass bei einer kopierten Urkunde ein Unterschriftenvergleich sehr schwierig sei – Manipulationen, Radierspuren, Abpausungen sind nicht nachweisbar. In diesem konkreten Fall käme noch erschwerend hinzu, dass die ihr vorgelegten Unterschriften von dem verstorbenen Besitzer und auch seiner Lebensgefährtin – der Mutter des Angeklagten – zeitlich weit auseinander liegen.

Die Schrift ändert sich mit zunehmenden Lebensalter, führte die Sachverständige aus. Trotzdem seien mehr Übereinstimmungen zwischen den Originalunterschriften und denen auf dem umstrittenen Pachtvertrag vorhanden, als Unstimmigkeiten. Die Kläger hatten die Möglichkeit erwähnt, dass eventuell auch die damalige Lebensgefährtin des Grundstücksbesitzers mit seinem Namen unterschrieben haben könnte. Die Expertin konnte diesen Vorwurf anhand der Schriftproben nicht bestätigen.

Somit war die Anklage – der Gebrauch einer falschen Urkunde – nicht bewiesen und Albert V. wurde folgerichtig freigesprochen.

§§ UNTERSCHLAGUNG §§§§§§§§§§§§

Polizist muss in den Knast

Dass Gesetzeshüter vor Fehltritten nicht gefeit sind, zeigt der Fall eines Polizisten. Er, der Straftaten verhindern oder aufklären soll, muss wegen Unterschlagung und Strafvereitelung im Amt für zweieinhalb Jahre hinter Gitter.

Herbert P. hatte sich geständig gezeigt, Verwarngelder mit einer Gesamtsumme von 61 000 Euro unterschlagen und aus der Asservatenkammer beschlagnahmte Zigaretten und Waffen mit nach Hause genommen zu haben. Für den Zeitraum von drei Jahren konnten dem 50-Jährigen 65 Einzeltaten nachgewiesen werden. Das Ganze war erst aufgefallen, als der Revierpolizist krank wurde und ein Kollege die Knöllchen abrechnete. Der vom Dienst suspendierte Beamte blieb gefasst und nahm das Urteil des Schöffengerichtes an. Das Geld habe er für wirtschaftliche Verluste der Firma seiner Frau ausgegeben, gab er als Motiv an.

Herbert P., der seit 30 Jahren Polizist ist, versah seit zehn Jahren den Innendienst in seiner Wache. Hier war er unter anderem für die Asservatenkammer zuständig. Daraus fehlten bei einer vorgenommenen Tiefenprüfung vom Zoll beschlagnahmte Zigaretten und Geld von illegalen Händlern. Beides fand man im Haus des Angeklagten. Außerdem Waffen, die im Zusammenhang mit Straftaten sichergestellt worden waren.

Als Innendienstleiter hatte Herbert P. täglich die von seinen Streifen-Kollegen kassierten Verwarngelder eingesammelt. Anstatt das Geld aber bei der Bank einzuzahlen, behielt er die Beträge, die zwischen 300 Euro und 2 500 Euro schwankten, für sich. Rekord war: 3 375 Euro. Dass das veruntreute Geld dem Polizeibeamten aufgrund schlampiger Buchführung und mangelnder Kontrolle in den Schoß gefallen sei und er wegen notorischer Überbelastung die Übersicht verloren hätte, wie es der Verteidiger darstellte, ließen weder der Staatsanwalt noch die Vorsitzende Richterin gelten. Sie waren der Meinung, dass Herbert P. erhebliche kriminelle Energie an den Tag gelegt hatte, indem er reihenweise Verwarngeldblöcke verschwinden ließ oder fälschte. Zu Gute hielten sie dem Angeklagten seinen festen Willen, den Schaden wieder gut zu machen – 25 000 Euro sind von ihm inzwischen zurückerstattet worden. Weil er seinen ansonsten sicheren Arbeitsplatz verlieren wird, sei das Gericht im unteren Strafmaß geblieben, begründete die Vorsitzende das Urteil. Ins Gefängnis muss der Verurteilte aber nur nachts. Als ehemaliger Polizist sei er dort gefährdet, so dass er in den offenen Vollzug komme, erläuterte sein Anwalt.

Besonders delikat ist, dass Herbert P. bei den Wahlen für eine Partei kandidierte, die unter anderem Ehrlichkeit im Amt auf ihre Fahnen geschrieben hatte.

§§FAHRLÄSSIGE TÖTUNG§§§§§§§§§

Tödlicher Unfall im Dunkeln

Walter R. kann sich bis heute diesen Unfall nicht erklären. Der kräftig gewachsene 55-Jährige hatte sichtlich Mühe, die Tränen während seiner Aussage zurück zu halten. Als er an dem Wintertag seine Arbeit aufnahm, hatte er noch mit Dieter K. im Aufenthaltsraum gesprochen. Dann sei er zum Radlader gegangen und etwa 15 Meter vorwärts gefahren, um seinem Kollegen den Aufstieg zur Schredderanlage auszuleuchten – es war kurz vor sieben Uhr und stockdunkel auf dem Gelände.

Plötzlich bemerkte er ein Rütteln seiner Maschine. Er nahm an, er sei über eine von der Halde herunter gerutschte Betonplatte gefahren, die dort zum Zerkleinern lag. Er stoppte, um nachzusehen. In diesem Augenblick fuhr ein LKW über den Platz, in dessen Scheinwerferlicht er seinen leblosen Arbeitskollegen liegen sah. Mit Schrecken wurde ihm bewusst, dass er Dieter K. überrollt hatte.

Walter R. wird vorgeworfen, seinen Radlader mit tiefgestelltem Schild bewegt zu haben, so dass er nach vorn nichts sehen konnte. In diesem Fall hätte er sich einweisen lassen müssen – so der Standpunkt der Anklage.

Wesentlich differenzierter sah das ein Vertreter des Amtes für Arbeitsschutz als sachverständiger Zeuge. Es gab an der Produktionsstätte klare Arbeitsteilungen. Das Opfer bediente die Schredderanlage und hatte im Arbeitsbereich des Radladers nichts zu suchen. Es gab einen sicheren Arbeitsweg zur Anlage. Jedem Mitarbeiter muss klar sein, dass der Gefahrenbereich des Fahrzeuges nicht betreten werden darf. Und wenn das doch erforderlich sein sollte, müsse man sich durch Handzeichen bemerkbar machen. Eine Warnweste wäre bei diesen schlechten Sichtverhältnissen sinnvoll gewesen, erkärte der Arbeitsschutzexperte weiter. Unverständlich ist für ihn, dass das Gelände zur Unfallzeit nicht beleuchtet war. Die Vorschrift besagt, dass mindestens 20 LUX Ausleuchtung (etwa Straßenlichtbeleuchtung) für solche Anlagen sein müssen. Hier sieht er einen klaren Verstoß des Betreibers gegen die Betriebsgenehmigung durch das Amt.

Im Mittelpunkt des zweiten Verhandlungstages standen die Ausführungen des Unfallsachverständigen. Er hatte anhand der Protokolle und Lichtbilder der Polizei den Unfallhergang rekonstruiert. Er bestätigte die Angaben des Angeklagten, dass die Beleuchtung am Fahrzeug einschließlich des Arbeitslichtes vorn und hinten zum Unfallzeitpunkt eingeschaltet war. Die Sicht war trotzdem durch das leicht angehobene Schild nach vorn stark behindert. Personen sind in einer Entfernung von ein bis drei Metern kaum wahrnehmbar. Auch nach hinten gibt es über die Rückspiegel einen ähnlichen toten Winkel; hinzu kam die dunkle Kleidung des Opfers und die nicht vorhandene Beleuchtung des Geländes.

Durch die Reifenspuren kam der Experte zu der Meinung, dass Dieter K. mit den rechten Rädern überfahren wurde. Unvermeidbar wäre der Unfall aus Sicht des Sachverständigen nur gewesen, wenn der Arbeiter vor dem Radlader gelegen hätte, denn dann hätte Walter R. ihn absolut nicht sehen können.

139

Dafür gibt es aber keine Anhaltspunkte. Ansonsten hätte der Radladerfahrer das Schild ganz nach oben heben können, dann ist eine volle Sicht gewährt, oder er hätte sich einweisen lassen müssen. Auch dieser Sachverständige schloss ein leichtsinniges Verhalten des Verunglückten nicht völlig aus.

So kamen die Richter zu einem milden Urteil. Eine Geldstrafe von 1 200 Euro wäre schuldangemessen, wohlwissend, dass den Angeklagten die Bilder dieses schrecklichen Unfalls zeitlebens verfolgen werden, war die Begründung ihres Richterspruches.

§§ DIEBSTAHL §§§§§§§§§§§§§§§§§§§

Socken über die Schuhe gezogen

Max W. und Moritz B. hatten offensichtlich kein sonderliches Vertrauen, mit Fortunas Hilfe den Spielautomaten in einer Spielothek ihre glänzenden Inhalte zu entlocken. Sie rückten daher den „einarmigen Banditen" mit anderen Mitteln zu Leibe. So trafen sich die beiden und planten einen Einbruch in die Spielhalle. Ausgerüstet mit Schraubenzieher, Zange, Brecheisen und Taschenlampe zog das Duo los, knipste die Drähte der Alarmanlage durch und hebelte die Tür auf.

Um keine Spuren zu hinterlassen, hatten sie sich Socken über die Schuhe gezogen und trugen Handschuhe. Trotz dieser krimireifen Vorbereitungen wurden sie auf frischer Tat von einem Wächter ertappt und saßen nun mit hängenden Köpfen auf der Anklagebank.

Der Verteidiger gab für Max W. die Erklärung ab, dass er die Anklageschrift reumütig akzeptiere. Diesem Geständnis schloss sich auch sein 35-jähriger Komplize an. Sie waren seit vier Jahren nicht mehr straffällig geworden und schätzten ihren „Rückfall" als große Dummheit ein. Der gleichaltrige Max W. hat derzeit einen Job als Berufskraftfahrer in Aussicht und Moritz B. arbeitet als Altenpfleger.

Die positive berufliche Entwicklung der Angeklagten und ihre umfassenden Geständnisse nahm das Gericht wohlwollend zur Kenntnis und beließ es bei jeweils halbjährigen Bewährungsstrafen für die beiden. Die Bewährungszeit wurde auf drei Jahre festgesetzt. Gleichermaßen muss jeder 200 Euro an die Staatskasse zahlen.

§§VERKEHR§§§§§§§§§§§§§§§§§§§§

Nächtlicher Abflug in einen Vorgarten

Ein Auto landete in einem Vorgarten und hinterließ erheblichen Sachschaden. Markus V. musste sich deshalb vor dem Amtsgericht verantworten. Die Anklage lautete: Unfallflucht. Der 22-Jährige bestritt nicht, den Unfall verursacht zu haben, konnte oder wollte aber seine Flucht und den genauen Unfallhergang nicht glaubhaft deutlich machen. Auch sein Beifahrer und ein weiterer Kumpel verstrickten sich als Zeugen in etliche Widersprüche.

Was war geschehen? Der Angeklagte war mit dem PKW seines Vaters bei einem Treffen mit Freunden. In der Nacht wollte er zur Tankstelle fahren, um Alkoholnachschub zu holen.

So wie er schilderte auch der Beifahrer Andreas M. das Weitere folgendermaßen: Es hatte geregnet und war leicht glatt. Bei überhöhter Geschwindigkeit – zirka 80 Kilometer pro Stunde – und abgelenkt durch sein Hantieren am Radio verlor Markus V. die Kontrolle über das Fahrzeug. Er kam nach links von der Fahrbahn ab auf den Grünstreifen, schleuderte von dort rechtwinklig über die Straße und krachte durch den Zaun eines Wohngrundstückes.

Markus V. habe im Gegensatz zu ihm nichts getrunken, sei sofort ausgestiegen und geschockt geflüchtet. Er habe ihn erst am nächsten Tag wieder getroffen. Er selbst sei, da die Beifahrertür verklemmt war, etwas später aus dem Wrack gestiegen und dann gleich nach Hause gegangen.

Wie durch ein Wunder blieben die beiden fast unverletzt. Das Autowrack, fünf zerstörte Zaunfelder und einen lädierten Baum ließen sie ohne sich zu kümmern zurück.

Die Zeugin Charlotte H., die den Krach gehört hatte, rief die Polizei. Sie hatte auch ein zweites Auto gesehen, dessen Fahrer die beiden Männer offensichtlich kannte und dann auch mitnahm. Der Polizeibeamte, der den Unfall aufnahm, fand den total zerstörten PKW, den beschädigten Baum und ein ebenfalls beschädigtes Garagentor vor, aber keine Personen. Im Fahrzeug fanden sich allerdings außer Bierflaschen und Alkoholgeruch auch Führerschein und Personalausweis des Unfallverursachers. An der eingetragenen Adresse trafen die Beamten aber nur die erschrockenen Eltern des Verkehrssünders an.

Die Staatsanwältin hielt dem Angeklagten zwar sein Geständnis zugute, da er jedoch erheblichen Schaden verursacht habe und zudem noch unter Bewährung aus einer einschlägigen Jugendstrafe stand, käme nur eine Freiheitsstrafe in Betracht. Und so lautete das Urteil dieses Mal nach Erwachsenenstrafrecht: drei Monate Freiheitsstrafe, die noch einmal zur Bewährung ausgesetzt wird. Er bekommt einen Bewährungshelfer. Markus V. kann frühestens in einem Jahr erneut eine Fahrerlaubnis erwerben, und er muss 80 gemeinnützige Arbeitsstunden leisten.

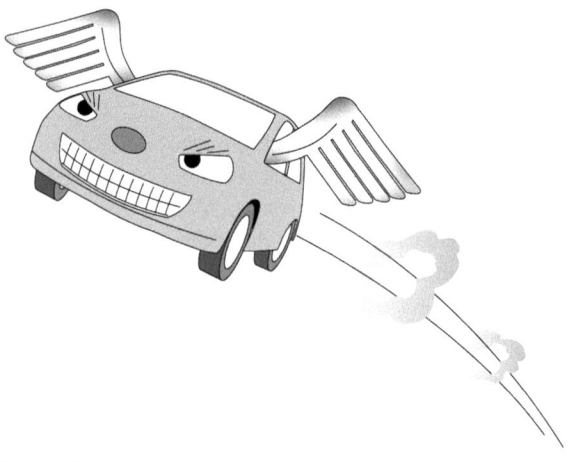

Nach dem Vorbild der „Olsenbande" versuchten drei Männer Kupfer im Werte von 20 000 Euro vom Gelände des Elektrostahlwerkes Hennigsdorf zu stehlen. Der Kopf und Planer dieser Dreierbande Egon O. saß deshalb auf der Anklagebank und wurde zu acht Monaten Freiheitsstrafe auf Bewährung verurteilt. Seine Komplizen waren bereits in einem abgetrennten Verfahren abgeurteilt worden.

Benny K. war wieder einmal finanziell „klamm" und ging deshalb zu Egon O., um ihn anzupumpen. Dem kam der 21-Jährige gerade recht – „denn er hatte einen Plan" – und fuhr mit ihm zum Stahlwerk Hennigsdorf. Dort sprangen sie über den Zaun und entdeckten dabei sechs Kupferpaneele – Teile für einen Elektroschmelzofen. Klar war, dass sie die zentnerschweren Blöcke zu zweit nicht bewältigen konnten. Verstärkt durch den Bruder Benny Ks. ging es am nächsten Tag wieder zum Stahlwerk – ausgerüstet mit einem Bootshänger und Boot, gezogen von einem Jeep.

Die drei drangen mit dem Boot unbehelligt von der Havel aus in das Werk ein. Die Brüder holten aus einer Werkhalle einen Radlader, um damit die schweren Kupferteile zum Kahn zu bringen. Egon O. stand Schmiere. Erst jetzt bemerkten sie, dass das Boot viel zu klein war und versenkten deshalb die dicke Beute im flachen Wasser, um sie am nächsten Tag mit einem größeren Boot und verbesserter Technik zu bergen.

Nun folgte, ähnlich wie bei der „Olsenbande", Panne auf Panne. Und alles wurde bereits von der Polizei beobachtet, denen die Amateurdiebe längst aufgefallen waren. Genüsslich sahen sie aus der Ferne zu, wie das Trio schwer arbeitete. Der mitgebrachte Flaschenzug erwies sich als zu schwach. Der zu Hilfe geholte Radlader versenkte mit dem zweiten Kupferpaneel auch das stärkere Stahlboot.

143

Der Außenbordmotor riss dabei ab und verschwand in der trüben Havel. Entnervt fuhr Egon O. den Bagger zurück, streifte eine Hallenecke und – dabei rissen die Hydraulikschläuche. Es sprudelte wie ein Brunnen, beschrieb der Polizist, der damals die drei von einem Lichtmast aus observierte.

Jetzt erfolgte der Zugriff und der Plan, Edelmetall in klingende Münze zu verwandeln, war geplatzt.